AF357158

LOGIQUE

EN FORME

D'ENTRETIENS;

OU L'ART

DE

TROUVER LA VÉRITÉ.

Par le Pere **REGNAULT**;
de la Compagnie de **JESUS.**

A PARIS,

Chez { **CLOUSIER,**
DAVID, Fils.
DURAND,
DAMONNEVILLE, } *Ruë S. Jacques.*
Quay des Augustins.

M. DCC. XLII.

Avec Approbation & Privilege du Roy.

PRÉFACE.

QUAND. l'on écrit fur une Matiére déja trai-tée par d'autres, il elt aflez ordinaire de critiquer leurs Ouvrages. Néanmoins, on peut, fans y rien reprendre, traiter le même fujet par goût. Aulli, cette Logique n'eft nullement faite pour trouver à redire dans celles qui l'ont précédée. On en a lû plus d'une avec plaifir ; & l'on a profité des lumiéres qui y font répanduës.

Quelques réflexions fur ce

qui fe paffe dans le commerce de la vie, fous nos yeux, & dans nous mêmes au moment que nous penfons, ont fait naître le deffein d'une Logique dans le gout, à peu près, des Entretiens Phyfiques d'Arifte & d'Eudoxe (1); & fuivant ce deffein, l'on fera parler encore un Eudoxe & un Arifte. Les Entretiens Logiques pourront faciliter l'intelligence des Entretiens Phyfiques. D'ailleurs, quelques idées récentes avec des idées plus anciennes, mais variées & mifes dans un jour nouveau, réveillent l'attention. L'on aime la varieté, & dans

(1) Phyfique nouvelle en Dialogues.

les chofes, & dans la maniére dont elles font préfentées à l'efprit.

Arifte fera donc un jeune homme d'un efprit pénétrant. Il aura la mémoire heureufe, du gout pour les Sciences, & de l'ardeur pour apprendre le fecret de découvrir la vérité ; & Eudoxe le lui révélera, ce fecret.

Leurs Entretiens feront des efpéces de méditations communes, où l'efprit, en réflechiffant fur les paffions du cœur, fur les impreffions des objets qui nous environnent, & fur ce qu'il éprouve en lui-même lorfqu'il apperçoit, qu'il juge, ou qu'il raifonne,

démêlera le caractére des différentes fortes de penfées,
avec les Régles dont les penfées font fufceptibles, ou qui
peuvent les rendre juftes, nettes, vraies & afforties. Arifte
affocié, pour ainfi dire, aux
méditations d'Eudoxe, dé-
couvrira dans fa maniére de
penfer, la maniére de penfer jufte. Mis fur les voies
par Eudoxe, il trouvera lui-
même de temps en temps les
vérités qu'Eudoxe n'aura fait
qu'indiquer : ainfi, confident
de fes réflexions, & témoin
affidu de fes recherches, il aura le plaifir de pouvoir s'attribuer quelque chofe dans fes
découvertes ; & ils iront tous

deux de concert jufques à la fource de nos erreurs, pour trouver le moyen de nous en préferver.

Le but de la Logique étant de garantir de l'erreur, & d'apprendre à découvrir le vrai, foit dans les Sciences, ou dans le commerce dumonde; celle-ci confiftera, furtout, dans des Régles propres à mettre de la juftefle & de l'ordre dans nos penfées, c'eft-à-dire, dans nos idées, dans nos jugemens, & dans nos raifonnemens.

Mais une multitude exceffive de Régles fatigue plus l'efprit qu'elle ne l'éclaire. On n'emploiera donc que cel-

les qui paroîtront faites pour
une Logique d'ufage ; & l'on
écartera des fubtilités plus in-
génieufes qu'utiles. Par-là ,
peut-être cette Logique aura
du moins l'avantage de n'ê-
tre pas trop longue.

Eudoxe fe fouvenant tou-
jours qu'Arifte n'eft pas encore initié dans les hautes
Sciences, comme la Théologie , ou les Mathématiques,
aura foin de ne fe pas fervir
d'exemples trop relevés, qui
foient au-deffus de la portée
de fon Difciple , ou qui de-
manderoient dans lui les connoiffances qu'il fe propofe
feulement d'acquérir à la lumiére de la Logique.

Pour les acquérir, ces connoiſſances, il eſt bon d'être
fait à certains termes & à certaines expreſſions, qui ſont
moins ordinaires dans le commerce du monde, que dans
le langage des Sçavans. Un
excès de délicateſſe dedaigne
trop aiſément des expreſſions
auſqu'elles on n'eſt pas fait,
ou qui ne flattent point l'o-
reille. On peut en rejetter, de
ces expreſſions : mais il faut
en retenir, & ſçavoir leur ſignification, leur force, leur valeur, pour être en état d'appercevoir la vérité dans de
bons Ouvrages, dè démêler
l'Erreur dans des Ouvrages
pernicieux, & de s'expliquer

avec plus de précifion. Eudoxe tâchera de faire le difcernement des expreffions utiles ou inutiles, fans parler de celles-ci, & fans laiffer ignorer celles-là.

Souvent une idée, un jugement, un raifonnement même, ne fuffit pas pour offrir à l'efprit la vérité que l'on cherche; & pour y parvenir, il ne faut pas moins qu'une fuite ou un tiffu d'idées, de jugemens & de raifonnemens. Ainfi, la nouvelle Logique ne fe bornera point à des Régles particuliéres pour les différentes efpéces de penfées. Elle aura fes affortimens de maximes, & de pratiques,

& ſes arrangemens de pen-
ſées ; en un mot, ſa Méthode ; Méthode d'autant plus
étenduë qu'on la croit plus
d'uſage.

Ariſte verra dans la Mé-
thode d'Eudoxe , comment
on arrive à des vérités éloignées en allant pas à pas &
par degrés , tantôt des vérités plus ſimples & plus faciles, à celles qui ſont compoſées & plus difficiles , tantôt
de celles-ci à celles-là , toujours des vérités connuës à
celles qui ne le ſont pas. Il
verra quelles ſont les vérités
qu'il importe le plus de découvrir , les obſtacles à vain-
cre dans cette découverte, &

la maniére de les surmonter,
l'Art de s'inſtruire & d'inſtruire les autres , d'éclaircir une
queſtion, de piquer la curio-
ſité de l'eſprit, & de ſoutenir
l'attention , d'intéreſſer , de
critiquer ſans offenſer, de diſputer utilement , & d'écrire
même pour les intérêts de la
vérité.

Il eſt aſſez naturel, ce me
ſemble , qu'Ariſte, qui peut
s'attribuer une partie des lumieres qu'il puiſe dans les
réflexions d'Eudoxe , trouve quelque plaiſir à faire de
temps en temps le précis des
choſes qu'il apprend; & comme ces ſortes de précis peuvent ſervir à graver dans l'eſ-

prit des connoiſſances utiles, peut-être ne les trouvera-t'on pas déplacés dans une Logique faite pour des perſonnes qui ne ſont pas verſées dans ces connoiſſances.

Si le Texte de l'Ouvrage fait naître des réflexions ou des obſervations qui, ſans être néceſſaires, ſemblent pouvoir être d'uſage, elles ſe trouveront en notes.

Tel eſt, à peu près, le caractére de la Logique d'Ariſte & d'Eudoxe. Des exemples, quelques Peintures, & des traits de Morale, répandus dans leurs Entretiens, pourront prévenir ou diminuer la langueur ou l'ennui

d'une matiere abſtraite & aſſez ſéche d'elle-même.

Enfin, ſi l'on perd du temps
à lire ces Entretiens, du
moins on en perdra peu.

TABLE

DES

ENTRETIENS.

Fin de la Table des Entretiens.

LOGIQUE

LOGIQUE

EN FORME D'ENTRETIENS;

OU L'ART

DE TROUVER LA VE'RITE'.

PREMIER ENTRETIEN.

SUR LA LOGIQUE EN GE'NE'RAL.

ARISTE. Partout, Eudoxe, on parle de la vérité; ce beau nom retentit partout : on aime à le prononcer, & on l'entend volontiers; il a je ne fçai quel attrait qu'on fent & qu'on n'explique point. Et ne trouvons-nous pas dans nous un fonds d'eftime & un panchant fecret pour la chofe qu'il exprime? Auffi, chacun mon-

A

tre & fait gloire de montrer quelque empreſſement pour la vérité : mais, ſi je ne me trompe, je me ſens pour elle plus de goût que perſonne. Cependant, je ne fais encore que l'entrevoir ; elle ne s'offre à mes yeux qu'à travers les nuages ; je voudrois la ſaiſir, & elle m'échappe. Je trouve dans moi-même, je ne ſçai comment, une ardeur extraordinaire pour une choſe qui ſemble me fuïr. Aidez-moi, du moins, cher Eudoxe, à diſcerner le caractére de ce que j'aime.

Eudoxe. Ce que vous dites, Ariſte, eſt-il préciſément comme vous le dites ? Aimez-vous à connoître les choſes telles qu'elles ſont ? Ce que vous dites a le caractére de la vérité. Si je diſois » ce qui eſt, eſt «, certainement je dirois la choſe comme elle eſt ; & ce ſeroit bien la vérité la plus ſimple, la plus nette, & la plus intelligible. Vous verriez une vérité dans le plus grand jour ; nulle obscurité, nulle apparence d'illusion; rien qui fît le moindre embarras dans l'esprit.

Voulez-vous d'autres vérités aussi claires à peu prés ?

» Le néant n'a nulle efficace «.

» Une chose ne sçauroit être & » n'être pas à la fois « ; la lumiére ne peut briller à nos yeux, & ne briller pas en même temps.

» Le Tout, l'assemblage de » plusieurs choses, ou de plu- » sieurs parties, est plus grand » qu'une seule des choses ou des » parties qui le composent « ; l'Univers est plus grand que la Terre, ou le Soleil, qui n'est qu'une partie de l'Univers.

» Deux grandeurs égales à une » troisiéme font égales entre el- » les « (1); deux hommes font de

____

(1) On donne assez souvent le nom de premiers principes ou d'axiomes à ces vérités

même taille, quand ils se trouvent de la taille d'un troisiéme
avec qui vous les mesurez.

» Tout nombre est pair, ou im-
» pair. Deux & deux font qua-
» tre ».

Voilà des vérités où l'on ne se
méprend point.

Ariste. Ah, si toutes les vérités étoient aussi lumineuses que
celles-là, que les Sciences auroient de charmes pour moi !

Eudoxe. On s'énorgueillit
jusques dans les ténébres : que seroit-ce, Ariste, dans une telle
abondance de lumiéres ! Il est de
la destinée d'un esprit borné d'er-
rer dans les ombres qui environnent la vérité. L'Antiquité s'en
apperçut avant nous ; elle essaya
même avec quelque succés de
dissiper ou de percer ces nuages
à la faveur de la *Logique* : car la

générales & claires, ausquelles on se rend
d'abord.

Logique eſt un tiſſu de réflexions faites ſur ce qui ſe paſſe dans l'eſprit, pour l'éclairer & le diriger dans la recherche du vrai ; c'eſt la maniere, c'eſt l'Art de trouver la vérité (1).

ARISTE. Vous ſçavez, Eudoxe, juſqu'où va mon zele pour la vérité. Refuſeriez-vous de m'apprendre le ſecret de la découvrir ?

(1) Un aſſemblage de vérités certaines & connuës, qui tendent à quelque but commun, s'appelle *Science.*

Un amas de vérités certaines & connuës dont le but eſt quelque ouvrage, ſe nomme *Art.*

On diſtingue Arts Libéraux & Arts Méchaniques. Le corps a plus de part dans ceux-ci que l'eſprit : l'eſprit a plus de part dans ceux-là que le corps. La Serrurerie, par exemple, eſt un Art Méchanique ; la Logique, ainſi que la Peinture, eſt un des Arts libéraux.

Les vérités propres d'un Art dirigent, reglent l'eſprit dans quelque opération : de-là, ce ſont des régles, des préceptes. La cornoiſſance de ces préceptes ou de ces régles, eſt la Théorie de l'Art. L'uſage de ces régles ou de ces préceptes eſt la pratique de l'Art.

EUDOXE. On la découvre par les opérations de l'esprit, faites, assorties & arrangées à la lumiére de certaines régles. Or, pour les faire, ces opérations, ces pensées, pour les assortir & les arranger selon certaines régles, il faut connoître & le caractére des opérations, & les régles propres des opérations, & l'arrangement qui leur convient. La Logique dit donc trois choses, le caractére des opérations ou des pensées, des régles, un arrangement.

La connoissance de ce caractére, de ces régles, & de cet arrangement est très utile, sans doute, puisqu'elle guide l'esprit, & l'éleve jusques aux Sciences les plus sublimes. Elle a même son agrément : mais il en coûte quelque chose pour l'acquerir. On ne l'acquiert à un certain dégré de perfection que par l'étude de soi-même, par l'expérience, & par de fréquentes réflexions fur ce que l'on obferve dans le commerce des hommes & dans l'ufage du Monde. Il faudroit donc commencer par vous gêner à fufpendre le plaifir des fens pour voir dans le filence, & par une vûë purement fpirituelle ce qui fe paffe dans vôtre efprit, & pour y démêler des opérations déliées, fines, & prefque imperceptibles à l'efprit même qui les fait.

ARISTE. C'eft-à-dire, que je facrifierois un plaifir fenfible pour un plaifir raifonnable & plus pur; & je fuis prêt à faire le facrifice. Dites-moi donc d'abord, Eudoxe, comment vous vous y prenez pour difcerner le caractére des opérations de vôtre efprit?

EUDOXE. Je médite fur ce que j'apperçois dans moi. Je fuis moi-même le fujet de mes méditations; & ce qui s'offre en moi de plus connu, de plus fimple,

& de plus facile à comprendre ,
me conduit infenfiblement à ce
qu'il y a de plus obfcur, de plus
embarraffé, de plus difficile à concevoir. La lumiére d'une connoiffance facilite & produit une
connoiffance nouvelle.

ARISTE. Affociez-moi, je vous
en fupplie, à vos méditations Logiques ; faites m'en part, Eudoxe : je méditerai comme vous, &
avec vous ; & peut-être, à la faveur de vos réflexions, trouverai-
je dans moi, du moins une partie
de ce que vous trouverez dans
vous.

EUDOXE. Volontiers. Voici
donc de quelle maniére je m'y
prens : j'arrête mon attention fur
moi-même ; je me vois un corps,
& dans ce corps des fens, ou des
yeux pour voir, des oreilles pour
entendre, une langue, un palais
pour goûter, un nez, un odorat
pour fentir les odeurs, le Tou-

cher enfin répandu dans toute l'é-
tenduë de mon corps, pour appercevoir, par des impreffions
agréables ou douloureufes, les
chofes qui lui font falutaires ou
nuifibles.

Pénétrons plus avant. Sous la
figure extérieure de mon corps,
je fens je ne fçai quoi, qui par
le moyen des organes, dont je
viens de parler, difcerne les fons,
les couleurs, les odeurs, les fa-
veurs, le froid & le chaud. Ce
je ne fçai quoi connoît, & tantôt
il hait, tantôt il aime ce qu'il connoît. Or, ce qui connoît, aime,
hait en moi, c'eft mon Ame.

Mon Ame connoît, elle hait,
elle aime. La connoiffance ne fe-
roït-elle pas la haine même ou
l'amour ?... Non : je connois,
ce femble, fans aimer ou haïr ce
que je connois. Je me repréfente
la différence du jour & de la
nuit, fans la confiderer comme

bonne ou mauvaise : ai-je de l'amour ou de la haine pour elle? Nullement. Je penſe à une boule ; je la conſidére préciſément comme une boule, comme une figure dont la ſurface eſt également éloignée dans toutes ſes parties, d'un point intérieur, que j'appelle centre ou milieu. Je n'éprouve nulle averſion, nul panchant pour cette boule en idée. La connoiſſance préſente une choſe à l'Ame ; l'averſion en éloigne l'Ame ; l'amour porte l'Ame vers elle. J'ai donc dans le fonds d'une Ame unique & ſimple deux facultés, l'une de connoître, l'autre d'aimer ou de haïr. Celle-ci, c'eſt ma *Volonté* ; celle-là, c'eſt mon *Eſprit*. C'eſt-à-dire, que mon Ame, en tant qu'elle eſt ſuſceptible de haine ou d'amour, eſt ma volonté ; que mon Ame en tant qu'elle eſt ſuſceptible de connoiſſance, eſt mon eſprit.

Quand il vous plaira, nous ef-
fayerons de fuivre notre efprit
dans fes premiéres opérations,
c'eft-à-dire, dans fes perceptions
ou dans fes idées, pour en démêler le caractére.

ARISTE. Continuez de m'é-
clairer de la forte, Eudoxe; &
je ne défefpére pas de vous fuivre, & de voir dans les réflexions
de vôtre efprit ce qui fe paffe dans
le mien.

II. ENTRETIEN.

SUR LE CARACTÉRE DES IDÉES.

ARISTE. Je vous trouve un peu rêveur, Eudoxe. Apparemment vous méditez sur le caractére de nos perceptions, de nos idées.

EUDOXE. Une chose qui se présente à moi, je l'appelle *Objet.* Qu'est-ce qui se passe d'abord dans mon esprit, quand un objet vient s'offrir à lui ? J'apperçois à ce moment, le Soleil, une Fleur, une Montre, une Glace, un Diamant, un Ami. Je n'affirme encore rien là-dessus, je ne nie rien ; je ne prononce point ; nulle décision. Cent fois j'ai promené mes regards de même sur les différentes parties du Monde, j'ai vû mille objets divers sans dire oüi, fans dire non, fans rien décider. Une vuë pareille, une fimple connoiffance qui ne décide en aucune maniere, c'eft ce que l'on nomme affez ordinairement *Perception*.

La perception eft donc une fimple vûë, une connoiffance qui ne décide point fur fon objet.

Obferve-je quelque impreffion, quelque mouvement, quelque opération dans mon efprit avant la perception de l'objet qui s'offre à moi ?... Non. La perception a donc la prérogative d'être dans l'efprit la premiére forte d'opération, la premiére efpéce de penfée.

Par la premiére efpéce de penfée, par la perception, j'apperçois des objets qui font hors de moi, comme le portrait de Loüis XV; & des objets qui ne font que dans moi, comme le plaifir fecret que cet air, ce port, & je ne ſçai quoi fait naître dans mon Ame. Les divers objets font ſur mon eſprit des impreſſions diffé-rentes. De-là, pluſieurs ſortes de perceptions, qui méritent qu'on eſſaye de les diſcerner & de les caractériſer. Il s'agit ici d'une maniére d'anatomie très fine, dans l'eſprit même. Ne perdons point patience, Ariſte.

ARISTE. De grace, Eudoxe, point d'écarts, qui me faſſent perdre le fil de vôtre recherche délicate; & je vous ſuis toûjours du même pas.

EUDOXE. Hé bien, ſans vous parler, je me parle à moi-même, & je dis : comment, vois-je Ari-ſte? Ariſte fait à ce moment ſur mes yeux une impreſſion qui paſſant juſques dans mon eſprit, y cauſe la perception que l'on appelle vûë ; & la vûë eſt une *Senſation.*

Senſation eſt une perception

de chofe fenfible, c'eft-à-dire,
colorée, par exemple, favoureu-
fe, odoriferante, fonore, froide
ou chaude, une perception, dis-
je, produite dans l'efprit par l'action extérieure & préfente d'un
objet fenfible fur les fens.

Souvent, fans l'action préfente
de l'objet fenfible fur mes fens,
je ne laiffe pas de l'appercevoir.
Je vois, ce femble, un ruiffeau
qui defcend du panchant d'une
colline avec un doux murmure,
quoique le ruiffeau foit hors de la
portée de mes oreilles & de mes
yeux. Je ferme les yeux, & les
yeux fermés, je trouve le Jardin
des Thuilleries émaillé de mille
& mille fleurs qui naiffent au
pied des Statuës de marbre, où
l'Art égale prefque la Nature. Je
n'ai qu'à le vouloir, & jufqu'au
milieu des ténébres de la nuit, la
Cafcade de S. Clou & les Eaux
de Verfailles joüeront pour moi

feul, & me donneront un fpectacle merveilleux. Une perception
de cette forte s'appelle *Imagination*.

Imagination eft donc une perception par où l'efprit apperçoit
les apparences des objets fenfibles, indépendamment de toute action extérieure & préfente
des objets fenfibles fur les fens.

De temps en temps, je trouve
dans le fond de mon ame une
impreffion agréable ou defagréa-
ble, caufée par la penfée feule,
& indépendante de l'action préfente ou paffée des objets fenfibles fur les fens; & c'eft un fentiment de trifteffe ou de joie, fentiment qui n'a point d'objet hors
de lui-même.

Quand j'apperçois un objet ou
par fenfation, ou par imagination, ou par quelque autre efpéce de perception, je fçai que je
l'apperçois. Que dis-je? mon ef-

prit

prit n'a nulle perception, qui lui foit entierement inconnuë. Toute perception fe connoît; & cette connoiffance-là même eft une perception que l'on nomme tantôt confcience (1), tantôt fentiment intime.

Sentiment intime ou *confcience* eft une-perception qui nous apprend à chacun, l'exiftence des changemens ou des mouvemens de nôtre ame.

Je fçai par confcience ou par fentiment intime que la trifteffe s'empare de mon Ame, quand on me retrace le triomphe & l'excès du vice; & je fçai par-là que j'ai de la joie lorfque je vois la vertu couronnée.

Quelquefois ma perception eft conftante & accompagnée de quelque effort pour mieux connoître mon objet, fur-tout quand

(1) Confcience ne fignifie point ici regle de mœurs.

B

l'objèt me plaît & m'intéreſſe ; & c'eſt *attention*.

L'attention eſt une perception conſtante & accompagnée de quelque effort pour connoître une choſe.

Portons notre attention ſur les différentes ſortes de perceptions qui ſe ſuccedent dans l'eſprit . . . J'y trouve des perceptions qui ne ſont ni ſenſations , ni imaginations , ni ſentimens , des perceptions qui me manifeſtent quelque choſe de différent d'elles-mêmes, & qui n'eſt que dans mon ame , ſans que je le puiſſe expliquer nettement ; tel eſt le ſouvenir d'un deſir , d'un ſentiment de triſteſſe ou de joie. Cette eſpéce de perception n'a point, ce ſemble, de nom propre ; nous l'entendrons ſous celui de pure conception de l'eſprit.

Enfin, je trouve dans moi-même des perceptions de choſes purement intelligibles & denuées de qualités fenfibles (1), de chofes qui font tout-à-fait différentes de mes perceptions, & hors de moi-même (2) de chofes fur lefquelles je puis m'expliquer nettement & me faire entendre ; tel eft Dieu, qui eft un efprit infiniment parfait ; telle eft la juftice qui nous affigne ce qui nous appartient ; tels font les nombres de 4 ou de 6 , &c. Une perception de cette efpéce eft proprement une *idée.*

Une idée , à proprement par-

(1) On appelle qualité ce qui détermine à nommer une chofe telle , comme la fageffe qui fait donner le nom de Sage. Une qualité fenfible eft celle qui fe difcerne par les fens, comme la couleur, l'odeur, la faveur, le fon, le froid ou le chaud.

(2) Il y a des perceptions qui fe connoiffent fans rien faire connoître de différent d'elles-mêmes, comme les perceptions de defir, de trifteffe, de joie. Les véritables idées fe connoiffent, & font connoître quelque chofe de différent d'elles mêmes , quelque chofe d'extérieur, comme l'idée de cercle.

ler, eſt une perception qui repréſente tellement une choſe,
qu'on peut la concevoir clairement, & en expliquer clairement l'eſſence ou la nature, c'eſt-
à-dire, la perfection ou la réalité
principale, qui eſt comme la ba-
ſe ou la ſource des autres (1).

Néanmoins, on peut donner,
comme l'on fait aſſez ordinairement, le nom commun d'idée,
aux différentes ſortes de perceptions, pourvû qu'on en faſſe des
idées différentes, & qu'on leur
donne à chacune leur caractére
propre, c'eſt-à-dire, le caractére
que nous leur avons donné ſous
le nom de ſenſation ou d'imagination, &c. (2)

(1) L'aſſemblage du corps humain & d'u-
ne ame intelligente unis enſemble, eſt l'eſſence ou la nature de l'homme.

(2) De-là l'on diſtingue dans l'eſprit différentes perfections, différentes puiſſances
qu'on appelle, en général, *facultés*, ſçavoir,
1. La faculté qui nous rend ſuſceptibles de
ſenſations, & c'eſt *la Faculté ſenſitive.* 2. Cel-

Toute idée m'apprend quelque chofe. Toute idée préfente à mon efprit quelque chofe, que je n'appercevois point auparavant. Appercevoir rien, ou ne rien appercevoir, cela revient au même : donc nulle idée n'eft precifément l'idée du néant. Je n'ai pas l'idée d'un pur néant. Je ne penfe au néant qu'autant que je penfe à la privation, à la fuppreffion d'une chofe réelle dont j'ai l'idée (1)..

le qui nous retrace les images fenfibles & corporelles fans aucune fenfation actuelle ; & c'eft *l'Imagination.* 3. Celle qui a en partage les idées prifes dans le fens propre ; & c'eft *l'Entendement.* 4. Celle qui apperçoit ce qui fe paffe dans nôtre ame ; & c'eft le *Sentiment.* 5. Celle qui retient ou rappelle les perceptions que l'on a déja euës ; & c'eft *la Mémoire.*

(1) Quoique l'on dife qu'une montagne fans vallée eft une chofe impoffible, & que l'impoffible ou une montagne fans vallée foit un pur néant, il ne s'enfuit point qu'on ait l'idée de l'impoffible, d'une montagne fans vallée, d'un pur néant, de rien. Quand on dit: une montagne fans vallée eft impoffible, c'eft comme fi l'on difoit : une mon-

Ici, que d'idées naissent à la fois dans mon esprit d'une seule idée, je veux dire de l'idée d'Ariste.

ARISTE. Je crains quelque écart, Eudoxe.

EUDOXE. Ne craignez rien, Ariste. Je vois dans l'idée d'Ariste l'idée d'homme, ou l'idée d'une chose susceptible de sensations, d'idées, de réflexions ; dans l'idée d'homme, celle d'animal, ou d'une chose qui a des sens & une ame capable de sentir ; dans l'idée d'animal, celle de substance, ou d'une chose qui est en elle-même, qui a son existence à part, comme la cire, sans être précisément un mode, ou une chose qui n'a son existence que dans

tagne est nécessairement accompagnée d'une vallée, d'un endroit plus bas. Et pourquoi dit-on qu'une montagne est necessairement accompagnée d'un endroit plus bas, ou d'une vallée ? Parceque toute idée de montagne offre à l'esprit une vallée, un endroit plus bas à côté de la montagne.

une autre, comme la rondeur ou la figure d'une boule de cire. Je trouve enfin dans l'idée de fub-ftance l'idée de l'Etre. L'idée de l'être n'offre à mon efprit aucune autre idée. L'idée de l'être eft donc proprement la feule qui foit fimple. Toute autre idée préfentant à l'efprit d'autres idées, ayant, pour ainfi dire, d'autres idées dans fon fonds, eft une forte d'affemblage d'idées ; & c'eft ce qu'on appelle tantôt idée complexe, tantôt idée compofée.

Me fuivez vous, Arifte, quand je monte ainfi d'idées plus compofées en idées moins compofées jufques à l'idée fimple, par des efpéces de degrés fi minces qu'à peine y trouve-t'on prife (1) ?

____

(1) Les perfections de chaque chofe, ou les qualités effentielles, dont les idées, qui naiffent les unes des autres, conduifent l'efprit comme par degrés, jufqu'à l'idée la plus fimple, fe nomment dans l'Ecole degrés métaphyfiques,

ARISTE. Non seulement je vous suis, Eudoxe : mais j'apperçois dans l'idée d'Eudoxe les mêmes idées. Néanmoins, je l'avouë, les idées de subſtance & de mode ne ſont pas, ce ſemble, encore aſſez développées, aſſez nettes dans mon eſprit.

EUDOXE. On donne le nom de subſtance à ce qui a ſon exiſtence à part, à ce qui ſe conçoit comme une choſe qui peut naturellement subſiſter en elle-même, ſans avoir ſon exiſtence dans un autre ; tel eſt un OEillet, une Perle, un Homme, le Soleil, &c.

On donne le nom de mode, ou de maniére d'être, à ce qui n'a pas ſon exiſtence à part, à ce qui ne ſe conçoit & ne subſiſte que dans une choſe qu'il détermine à être d'une certaine façon.

La choſe qui reçoit le mode, peut-

peut-elle être fans lui, quoi-qu'il ne puiſſe être fans elle ? C'eſt un mode, tel eſt un teint vermeil par rapport au viſage. Le teint vermeil ne ſçauroit être fans le viſage, qu'il colore ; le viſage peut-être fans le teint vermeil. La maladie, qui efface le coloris, laiſſe le viſage, du moins en partie.

Les modes de la ſubſtance naiſſent, changent, ceſſent, tandis que la ſubſtance eſt la même. L'Or eſt lingot, ou piaſtre, puis loüis d'or. Il a tantôt une figure, tantôt une autre. Le premier mode s'évanoüit, un ſecond, qui commence d'éxiſter, prend ſa place. La ſubſtance ne s'évanoüit avec celui-là, ni ne commence avec celui-ci.

Si la choſe qui reçoit le mode ne peut ſubſiſter fans lui, c'eſt perfection ou qualité eſſentielle (1).

____

(1) On l'appelle quelquefois mode, mais mode metaphyſique.

C

Telle eſt la ſageſſe & la bonté par rapport à Dieu ; la raiſon , par rapport à nous.

ARISTE. Vous avez répandu le jour ſur mes idées , Eudoxe.

EUDOXE. Revenons donc à l'idée d'Ariſte. L'idée d'Ariſte , je l'appelle une idée ſinguliere , dans le ſens des Philoſophes , c'eſt-à-dire , une idée qui ne convient qu'à lui.

Une idée de cette ſorte, eſt une idée qui preſente à l'eſprit une choſe déterminée , un tel homme , Alexandre , Ceſar , Loüis le Grand , un Royaume , la France. On donne encore quelquefois à l'objet d'une telle idée le nom *d'individu* , d'aprés Ariſtote le plus célébre des Philoſophes anciens.

ARISTE. Et ſur le même principe , j'appellerai l'idée d'Eudoxe une ſinguliere dans le ſens des Philoſophes ; & Eudoxe , auſſi-bien qu'Ariſtote, un *individu*, que la raiſon éclaire & qui éclaire la raiſon.

EUDOXE. Mais l'idée d'homme, que l'idée d'Ariſte réveille dans mon eſprit, vous convient; elle me convient, elle convient à tous les hommes en particulier, l'idée d'homme eſt donc une idée générale, une idée univerſelle. L'idée d'animal qui s'étend non ſeulement à tous les hommes, mais à toutes les bêtes, eſt plus générale. L'idée de ſubſtance l'eſt encore plus; outre les hommes & les bêtes, elle regarde les plantes, la Terre, les Aſtres, tous les corps, tous les eſprits, Dieu même. L'idée la plus générale, c'eſt l'idée de l'être; l'idée de l'être s'étend & à toutes les ſubſtances & à tous les modes; les modes ſont des êtres auſſi-bien que les ſubſtances : l'agitation de ma langue, qui vous parle, n'eſt pas

moins un être que ma langue même ; c'eſt ma langue modifiée, ou
qui exiſte d'une certaine façon.
Ces couleurs dont la variété
pare ce jardin fleuri , ſont des
êtres , comme le jardin émaillé
de fleurs (1).

Chaque idée générale ou non ,
excepté l'idée de l'être, comprend
pluſieurs idées qui la compoſent,
& qui viennent s'offrir à l'eſprit
quand on la développe ; & ces
amas d'idées qu'une idée comprend, eſt proprement le fonds de
l'idée conſiderée en elle-même ,
& developpée (2).

L'idée déterminée & ſinguliere

____

(1) Parmi les idées , il y en a qui ne repréſentent , pour ainſi dire , que des perfections en l'air , ſans les réünir dans des ſujets
déterminés ; & ce ſont des *idées vagues* , des
abſtraĉtions ; telle eſt l'idée de juſtice. Il y a
des idées qui réüniſſent en quelque façon les
idées vagues dans des ſujets ; & ce ſont des
idées déterminées ; telle eſt l'idée de juſte.

(2) Ou la *compréhenſion de l'idée* dans le
langage des Philoſophes.

s'étend à unechofe , à un fujet fixe. L'idée générale s'étend à plufieurs ; & le rapport d'une idée aux chofes aufquelles elle s'étend, ce fera l'étenduë de l'idée (1),

Otez quelque chofe du fonds de l'idée : par exemple , de l'idée de Dieu retranchez l'idée de Jufte : ce n'eft plus l'idée de Dieu. Mais ôtez de l'étenduë de l'idée : reftraignez, par exemple , l'idée d'homme à quelques hommes , aux hommes fenfés, à un feul : elle fubfifte toûjours, & le fonds en eft le même ; elle dit toûjours être, fubftance également fufcep-tible de fenfations & de réfle-xions.

ARISTE. L'idée déterminée , par exemple , l'idée d'Eudoxe , ces idées générales, ces idées di-verfes qu'elle fait naître dans mon efprit, ces idées que l'on confi-dere fous différents jours , ont,

(1) Ou *l'extenfion de l'idée.*

ce femble , pour objet , autant de perfeҫtions ou de qualités réü-nies dans vôtre perfonne : mais ces perfeҫtions , ces qualités qui font diftinguées dans nos idées , le font-elles dans le fujet qui les renferme ?

EUDOXE. Il n'y a pas propre-prement diftinҫtion dans les ob-jets de nos idées : les objets de nos idées ne font réellement di-ftingués , qu'en deux maniéres , 1. Quand les chofes peuvent être également l'une fans l'autre, com-me deux fubftances , par exemple deux loüis d'or. 2. Lorfqu'une chofe peut être fans l'autre , quoi que celle-ci ne puiffe être fans celle-là , comme une fubftance & un mode de la fubftance ; l'or de ce loüis , par exemple , peut être fans la forme de loüis ; cette forme de loüis ne peut être fans cet or.

Nulle diftinҫtion femblable

parmi les perfections diverſes dont il s'agit. Ces perfections, ces qualités eſſentielles d'un même objet, toutes differentes qu'elles paroiſſent, ſont dans le fonds la même choſe, conſiderée ſous differents jours. La choſe du monde la moins compoſée, ou la plus ſimple, Dieu, dont la ſimplicité eſt une perfection divine, offre à l'eſprit des perfections différentes, la miſéricorde & la juſtice. Ces perfections ſont-elles diſtinguées dans Dieu même? Non : Dieu eſt la ſimplicité même, la perfection même. Les perfections différentes que la foibleſſe de nôtre eſprit diſtingue en lui, ne ſont que la même choſe conſidérée différemment; c'eſt Dieu, miſéricordieux & juſte; Dieu diſpoſé de lui-même à pardonner ou à punir ſelon que la ſageſſe le demande, ou que nous l'avons mérité. Les effets divers, le pardon & le châtiment occafionnent des idées diverfes, qui n'ont divers objets qu'en tant qu'elles repréfentent différemment la même chofe.

ARISTE. Une feule chofe eft donc l'objet de plufieurs idées différentes : mais une feule idée a-t'elle pour objet plufieurs chofes diftinguées ?

EUDOXE. Oüi ; l'idée de l'homme a pour objet tous les hommes ; l'idée du cercle, tous les cercles ; l'idée de la Rofe, toutes les Rofes ; puifque l'idée de l'homme convient à tous les hommes ; l'idée du cercle à tous les cercles ; & l'idée de la Rofe, à toutes les Rofes de l'Univers.

Une idée de cette forte, une idée qui convient, tant en général qu'en particulier à plufieurs chofes eft une idée univerfelle, comme nous l'avons remarqué (1), Mais nous n'avons point obſervé que nous trouvons en nous-mêmes cinq eſpéces d'idées univerſelles. Du courage, Ariſte, & de l'attention pour démêler dans nôtre eſprit tant d'êtres extrêmement déliés, d'une petiteſſe infinie, quoique leur étenduë ſoit immenſe. Je leur donnerai les noms qu'on leur donne d'ordinaire ; afin que ſi l'on vient à vous en parler ailleurs, on ne vous cauſe nul embarras. Je les appellerai donc genre, différence, eſpéce, proprieté, *accident*, noms connus & célébres dans le monde Philoſophe (2), depuis le temps d'Ariſtote & d'Alexandre le Grand, juſques à nos jours.

Pour comprendre ce que veulent-dire ces termes, qui peuvent paroître d'abord un peu myſtérieux, commençons par quelques obſervations.

(1) Pag. 27.
(2) Sous les noms d'*Univerſaux.*

1. L'on appelle essence ou nature d'un Etre ce qu'il y a dans lui de principal, le principe ou la source de ses qualités propres.

2. Chaque Etre a quelque chose de commun avec les autres, puisque les autres ont, aussi bien que lui, l'être en partage.

3. Chaque Etre a quelque chose de particulier, puisqu'il a son caractére qui le distingue des autres.

De-là naissent des perfections différentes, susceptibles de modes & de rapports divers. L'Homme, par exemple, en tant qu'animal, a quelque chose de commun avec les Bêtes; en tant que raisonnable, il a quelque chose de particulier qui le distingue des Bêtes. L'assortiment des deux perfections, l'une commune, l'autre particuliere, fait l'essence ou la nature de l'homme. De l'essence de l'homme nait une perfection, une difpofition effentielle pour les fciences : mais le gout, l'amour, l'acquifition des fciences n'eft qu'un mode qui furvient par hazard, qu'une forte d'*acci-dent* (1).

L'idée de ce qu'il y a de plus commun dans une chofe, je l'appelle *Genre* ; l'idée de ce qu'il y a de moins commun, *Différence* ; l'idée de la nature ou de l'effence commune , *Efpece* ; l'idée de la perfection effentielle, qui eft une fuite néceffaire de l'effence, *Proprieté* ; l'idée du mode, ou de la perfection, ou de la chofe qui

______

(1) Quand on parle de mode fans le fpecifier , fans ajouter effentiel ou metaphyfique, on entend mode phyfique. Cela fuppofé, ce qui eft mode d'une chofe, eft accident : mais ce qui eft accident, par rapport à une chofe, n'en eft pas toujours un mode. La Science eft accident & mode par rapport à celui qui la poffede. Mais la reputation qu'un Homme s'eft acquife, eft accident par rapport à lui fans en être un mode. Ce n'eft à fon égard qu'une *dénomination extérieure.*

furvient par hazard , *Accident.*

Par rapport à l'homme, l'Idée d'animal eft genre ; l'Idée de raifonnable , difference ; l'Idée d'homme, efpece; l'Idée de difpofition par les fçiences , proprieté; l'Idée de goût, d'amour, d'acquifition des fciences , accident.

De femblables Idées pouvant s'appliquer à plufieurs individus, à plufieurs objets , font univerfelles ou générales ; générales dis-je, plus ou moins , felon qu'elles font applicables à plus de chofes. Une Idée générale convient-elle , ou s'étend elle à des Idées moins générales? celle-là eft genre par rapport à celle-ci, celles-ci font efpéces par rapport à celles-là. Ces Idées moins générales conviennent-elles , s'étendent-elles à des Idées moins générales encore ? celles-là , qui font efpéces par rapport à la plus générale, font genres à leur tour par rapport à celles-ci. L'idée de l'être s'étend & convient aux Idées moins générales de fubftance & de mode ; celle-là eft genre par rapport à celles-ci, celles-ci font efpéces par rapport à celles-là.

L'Idée de fubftance s'étend & convient aux Idées moins générales d'efprit & de corps; celle-là eft genre à fon tour, celles-ci font efpéces. L'idée de corps s'étend & convient aux Idées moins générales de corps animé & de corps inanimé. Celle-là eft genre à fon tour; celles-ci font efpeces. L'idée de corps animé s'étend & convient aux Idées moins générales d'homme & de bête. Celle-là eft auffi genre à fon tour; celles-ci font efpéces. Mais l'Idée d'homme qui ne convient ou ne s'étend qu'à des Idées d'individus, par exemple, d'Arifte & d'Eudoxe, est espéce sans être genre.

Il y a donc des Idées qui font tout à la fois genres & espéces, selon qu'elles font plus ou moins générales que d'autres. L'idée de l'Etre étant la plus générale de toutes, elle est genre suprême fans être espéce. Les autres Idées qui font genres, font genres fubalternes, mais espéces superieures. L'Idée qui n'a fous elle que des individus, par exemple, l'Idée d'homme n'est qu'espéce & espéce derniere.

Enfin, espéce dit genre & difference ou perfection primitive qui fixe le genre.

Tel paroît de mauvaife humeur quand on entre dans ces détails d'Idées, qui est trop heureux de les rencontrer en fon chemin & de les avoir à la main pour en faire ufage dans l'occafion. Pour moi, Arifte, je continuerois volontiers de parler d'Idées, fi je ne

craignois pas que les miennes ne
vous cauſaſſent quelque ennui.

ARISTE. Je l'ai déja dit, Eudoxe ; rien ne me laſſera, pourvû
que les reflexions étrangeres ne
viennent point interrompre le fil
des choſes que j'entens.

EUDOXE J'ajoûterai donc que
j'obſerve dans le fond de mon
eſprit des Idées qui y ſont, pour
ainſi dire, ſolitaires, qui ne réveillent aucune autre Idée pour
les accompagner ; telles ſont les
Idées d'homme, de Fleur, de
Diamant, de Soleil. Les Idées
de cette eſpéce, je les appelle
Idées abſoluës, parcequ'elles vont
ſeules, qu'elles ſont libres, comme dégagées des autres, ou ſans
liaiſon néceſſaires avec elles.

Mais, en même tems, j'apperçois dans mon eſprit des Idées
qui ne vont jamais ſeules, des
Idées qui ſont toûjours accompagnées d'autres Idées qu'elles

réveillent. L'Idée de Fils reveille celle de Pere ; l'Idée de Sujet, celle de Souverain ; l'Idée de Souverain ; celle de Sujet ; l'Idée de Créateur, celle de Créature ; l'Idée de Créature, celle de Créateur, &c. & les Idées de cette espéce, je les appelle Idées *relatives*, parcequ'elles font passer mon esprit d'une chose à une autre.

ARISTE. Vous sçavez, Eudoxe, me faire trouver, je ne sçai comment, dans mon esprit les Idées que vous trouvez dans le vôtre. Mais les objets de ces Idées relatives ont ils hors de notre esprit des relations, des rapports comme leurs Idées.

EUDOXE. On appelle relation ou rapport ce qui fait que lorsqu'on vient à comparer deux choses, on trouve qu'elles font d'une certaine maniere l'une à l'égard de l'autre, double, par

exemple,

exemple, égales, inégales, ref-
femblantes, différentes, dépen-
dantes, ou non, &c : Or, ce
qui fait que les chofes comparées
fe trouvent telles, eft hors de
notre efprit, & dans les objets
mêmes de nos Idées. Ce qui fait
que lorfque je compare deux grandeurs, par exemple, 2 & 4. je trouve l'une deux fois dans l'autre, 2
deux fois dans 4, eft dans les grandeurs mêmes; ce n'eft pas mon
efprit qui l'y met. Donc il y a des
relations réelles, de vrais rapports dans les objets de nos
Idées. Hé, le Fils qui ne peut
être, & dont je ne puis me faire
une Idée, fans que le Pere y foit
pour quelque chofe, n'auroit-il
nul rapport avec le Pere?

Il y a dans les objets de nos
Idées & rapport de conformité,
& rapport de diverfité : rapport
de conformité, quand les objets
fe reffemblent par quelque en-

D

droit ; tel eſt le rapport de Loüis XV. avec ſon veritable Portrait : rapport de diverſité quand les objets différent par quelque endroit ; tel eſt le rapport d'une boule & d'un quarré..

Quelquefois la diverſité va juſqu'à l'incompatibilité, deſorte que les objets divers ne ſçauroient ſubſiſter à la fois dans le même ſujet : telle eſt la diverſité du vice & de la vertu ; & c'eſt *oppoſition*.

Quelquefois la diverſité n'empêche pas les objets de ſe trouver réünis ; telle eſt la diverſité qui ſe trouve entre l'ardeur de ſçavoir & la candeur qui font le caractére d'Ariſte. Les richeſſes, les dignités & la vertu ſont des choſes diverſes, ſans être incompatibles, puiſque nous voyons la Vertu juſques ſur le Thrône ; & c'eſt ſimplement *différence*.

Les objets, qui ont leurs rapports, ſont-ils réünis ? l'aſſemblage eſt un *tout* ; & les choſes, qui compoſent un tout, ſont des *parties*. Si toutes les parties, qui forment un tout, ſe reſſemblent parfaitement, c'eſt un tout homogene ; un tout hétérogene, quand les parties ſont differentes les unes des autres, comme leurs idées. Un loüis d'or ne contient que de l'or? C'eſt un tout homogene. Un édifice formé de bois, de pierres, d'ardoiſes, &c. eſt un tout hétérogene.

Mais, Ariſte, ne quittons pas entierement les idées pour leurs objets ; j'apperçois dans les idées diverſes, des perfections & des défauts qu'il eſt important de diſcerner. Car enfin, parmi les différentes eſpéces d'idées que nous avons trouvées dans nôtre eſprit, j'en vois, ce ſemble, d'obſcures & de claires, de fauſſes & de vraies, de foibles & de vives, de confuſes & de diſtinctes ; nulle complette, nulle parfaite ; les bornes de notre efprit fe font fentir dans toutes nos idées.

J'appelle idée obfcure, celle qui me prefente un objet, fans m'en découvrir la nature, enforte que je puiffe l'expliquer nette-ment. Or, c'eft là le caractére des fenfations. Les fenfations m'apprennent la réalité d'une chofe, fans m'apprendre ce que c'eft. Que voyez-vous, Arifte, quand vous voyez, par exemple, du rouge ? Qu'eft-ce que le rouge ?

ARISTE. Le rouge ? C'eft.... c'eft.... du rouge.

EUDOXE. Je n'en dirois pas plus. Je diftingue parfaitement le rouge du verd, du bleu, du jaune ou de l'orangé : je connois l'exiftence du rouge préfent à mon efprit, mais je n'en connois point la nature, je n'en démêle pas le fonds, à m'expliquer nette-ment là-deffus. C'eft un je ne fçai quoi, l'esprit le sent, mais l'esprit ne développe pas ce qu'il sent. On ne peut concevoir ce qu'il sent, à moins qu'on ne le sente ou qu'on ne l'ait senti soi-même.

J'appelle idée claire, celle où je vois assez le fonds & les propriétés de son objet pour en développer la nature & me faire entendre à ceux mêmes qui ne la connoissent pas.

Or, j'ai des idées de cette espéce. Telle est l'idée de Dieu. L'idée de Dieu presente à mon esprit la nature divine. Je puis développer la nature divine à la lumiere de cette idée ; & je le fais, quand je dis : Dieu est un être, un esprit infiniment parfait ; l'intelligence, la sagesse, la toute-puissance, la justice, la bonté, toutes les perfections en un mot, sont des appanages de la nature divine. Telle est enfin l'idée de 4, qui renferme quatre unités, nombre où 2 eſt renfermé deux : fois.

J'appelle une idée fauſſe, celle qui préſente à l'eſprit un objet avec des circonſtances ou des traits qu'il n'a pas. Or, j'ai des idées ou des perceptions de ce caractere. Telle eſt la vûë d'un bâton droit, qui me paroît rompu dans l'eau, lors même que je ſçai certainement qu'il eſt droit. Quoiqu'il paroiſſe rompu, je ne dis nullement qu'il le ſoit; je ne puis le faire puiſque je ſçai, que je dis même, qu'il eſt droit; je dirois à la fois deux choſes directement oppoſées. Donc ce qui me le repreſente comme rompu, ne paſſe point la perception ou l'idée; idée, perception, ſenſation trompeuſe & fauſſe, qui ſans ſortir des bornes de l'idée ou de la perception, donne à ſon objet réel, à l'objet qu'elle me fait connoître & diſcerner, une maniere d'être, un mode qu'il n'a pas.

J'appelle idée vraie, celle qui me fait voir son objet précisément comme il est. Or, je trouve dans moi des idées de cette forte : telle est l'idée claire, où j'apperçois la nature de Dieu même précisément avec les perfections qu'il a ; telle est enfin l'idée qui me découvre deux fois 2 dans 4.

J'appelle idée foible, celle qui ne fait qu'une légére impreſſion ſur l'eſprit, ou que l'eſprit quitte aiſément pour en prendre un autre. Or, je n'ai que trop de ces idées. Car telles ſont d'ordinaire : les idées pures, ou les idées priſes dans un ſens propre ; les idées des choſes qui n'ont rien de ſenſible, les idées qui repreſentent précisément la nature ou l'eſſence des choſes , comme l'idée de Dieu, les idées de bonté, de ſageſſe, de juſtice ; idées, qui ſouvent ſemblent n'effleurer que

l'efprit, qui fe montrent à peine
& difparoiffent au même temps.

J'appelle idée vive, celle qui
fait beaucoup d'impreffion fur
l'efprit; ou qui attache fortement
l'efprit fur un objet; or, qui eft
ce qui n'a pas quelquefois de ces
idées. Telle eft l'idée qu'un fpectacle magnifique & nouveau fait
naître dans l'efprit en frappant les
fens; telle eft la vûë d'un éclair,
&c.

J'appelle idée confufe, une
perception par où j'apperçois plufieurs objets à la fois fans les démêler bien. Or, telle eft la vûë
d'une affemblée nombreufe; telle
fut, ce femble, la vûë d'une armée où d'un feul regard je vis
tant de milliers d'hommes, fans
les bien diftinguer les uns des autres. Dans une fimphonie, on
entend des voix, des inftrumens,
des fons divers : les dicerne t'on
bien ?

Enfin,

Enfin, j'appelle idée diſtinĉte, une perception par où j'apperçois au même tems pluſieurs objets, que je diſtingue exaĉtement les uns des autres. Or, les percep-tions de cette eſpéce ſont ordi-naires. Telle eſt la perception du Blanc comparé avec le Noir, du Rouge avec l'Orangé, d'un cercle avec un quarré, d'Ariſte avec Eudoxe.

A R I S T E. Pour celle d'Ariſte & d'Eudoxe, je voudrois qu'elle fût un peu moins diſtinĉte.

E U D O X E. Une idée *partiale* repreſente quelque perfeĉtion, quelque partie d'un objet. L'idée totale repreſente tout l'objet, ou la ſubſtance de l'objet quoiqu'im-parfaitement. Des idées complet-tes, ou parfaites, je l'avouë, je n'en ai pas. Une pareille idée eſt une idée, qui repreſente ſi bien ſon objet, qu'on ne ſçauroit le voir dans un plus grand jour. Or,

E

les idées de cette forte font réfer-
vées à Dieu feul. Nos idées font
bornées & imparfaites ; elles laiffent toûjours quelque chofe à découvrir dans un objet ; elles le
montrent, pour ainfi dire, par
parcelles ; & l'objet le plus min-
ce eft pour elles un fonds inépui-
fable. Les idées partiales jointes
à d'autres font des idées plus compofées, plus pleines, des idées
totales, des idées parfaites. Les
idées parfaites font une prérogative de l'être infiniment parfait.

Voilà ce femble, Arifte, les
principales efpéces de perceptions ou d'idées, que je trouve
dans le fond de mon efprit, avec
leurs qualités différentes.

Ariste. Vous avez eu le fecret de me les faire trouver dans
moi-même au même temps.

Eudoxe. Mais les idées font
des êtres extrémement deliés,
fubtils, & légers. A peine les a-

t'on faifis , qu'ils vous échappent.

Ariste. J'obferve que ce que nous avons cherché & trouvé dans nous-mêmes par une attention conftante à ce qui fe paffe dans nôtre ame, y fait des impreffions plus diftinctes, plus profondes & plus durables. Et fi je ne me trompe, le précis de nôtre entretien feroit aifé

Eudoxe. Il vous en coûteroit donc peu , pour me faire beaucoup de plaifir.

Ariste. Un inftant, je vous prie, pour me rappeller mes reflexions principales , qui font les vôtres plutôt que les miennes. . .

La Logique eft l'art de découvrir le vrai. L'on découvre le vrai par les opérations de l'efprit. La premiere opération de l'efprit , c'eft la perception ou l'idée. L'idée ou la perception eft une fimple vûë , une connoiffance, qui ne nie, n'affirme, ne décide rien. Je vois une fleur, je penſe à Dieu, ſans rien décider ſur la nature, ſur les perfections divines ou ſur la fleur; c'eſt une perception.

Selon les objets divers ou les différentes maniéres de les appercevoir, la perception eſt ſenſation, imagination, ſentiment, conſcience, attention, idée; ſenſation, quand nous appercevons des qualités ſenſibles de corps par l'action preſente des objets extérieurs ſur nos ſens; imagination, quand nous appercevons de ces qualités ſenſibles, indépendamment de l'action préſente des objets extérieurs ſur les ſens; ſentiment, quand nous éprouvons en nous quelque affection, quelque paſſion, de joye, par exemple, ou de triſteſſe; conſcience, quand nous connoiſſons l'exiſtence des modes de nôtre ame, de ses affections, de ses passions, de ses pensées, sans en connoître la nature ou les proprietés de maniere à pouvoir nous expliquer nettement là-dessus ; attention, quand la perception est forte & constante ; idée quand nous concevons la nature & les proprietés des choses à pouvoir les déveloper & les expliquer nettement.

La vûë d'un Ciel d'Azur & semé d'étoiles est sensation ; le souvenir d'un spectacle, imagination; la tristesse ou la joye, sentiment; la connoissance de nos sensations, de nos imaginations, &c. conscience ou sentiment intime; la vûë constante d'un peril qui nous menace, ou d'un bien qui nous intéresse & que nous espérons, attention; l'idée de Dieu, l'idée de justice, de nombre, de 4, de 6, &c. idée dans le sens propre.

Il y a idée de fubftance, & idée de mode. La fubftance eft une chofe qui a fon exiftence à part, ou féparée de tout, comme une perle, un diamant. Le mode eft une chofe qui n'a pas fon exif-tence à part, qui n'exifte que dans une chofe qui peut être fans elle, comme la rondeur d'une perle ou la figure d'un diamant. De-là les modes de la fubftance naif-fent, changent, ceffent, tandis que la fubftance eft la même. Un mode s'évanoüit; un autre com-mence. La fubftance ne s'éva-noüit avec le premier, ni ne commence avec le fecond. La cire quarrée ou ronde eft toû-jours également de la cire.

L'effence, la nature, le fonds de chaque chofe eft l'objet de l'idée pure ou prife dans le fens propre.

Tantôt c'eft une idée finguliere, ou qui prefente à l'efprit un objet unique, déterminé, fixe, comme l'idée d'Eudoxe; tantôt c'eſt une idée univerſelle, ou qui convient à pluſieurs objets & en général & en détail, comme l'idée de fleur, qui convient indiſtinctement à toutes les fleurs, & à l'Anenôme en particulier, à la Jonquille, à la Tulippe, à l'Amarante.

L'idée que les Philoſophes nomment idée ſinguliere, en contient d'univerſelles qui ſemblent naître de ſon ſein quand on effaye de la développer; & ces idées générales en renferment de plus générales encore. De l'idée d'Eudoxe, je vois éclore ſucceſſivement l'idée d'homme; de l'idée d'homme, l'idée d'animal; de l'idée d'animal, l'idée de ſubſtance; de l'idée de ſubſtance l'idée de l'être. L'idée de l'être eſt une idée ſtérile, qui n'en donne point d'autre. Ainſi,

la feule idée de l'être eft fimple,
à proprement parler; les autres
font compofées.

Ces idées compofées ont leur
fonds propre & leur étenduë. Le
fonds de l'idée, c'eft l'affemblage
des idées qu'elle comprend; l'a-
mas des idées de raifonnable, d'a-
nimal, de fubftance, &c. eft le
fonds de l'idée de l'homme. Vous
appellez étenduë d'une idée fon
rapport aux individus, aux fujets
où elle s'étend; l'étenduë de l'i-
dée de l'homme, c'eft le rapport
de cette idée à Eudoxe, Arifte,
&c.

Plufieurs idées compofées
nous découvrent plufieurs perfections dans le même objet.
L'objet eft-il pour cela compofé
de perfections qui foient diftinguées les unes des autres? Non:
plufieurs idées nous peignent,
l'une la fageffe, l'autre la juftice
ou la bonté de Dieu. Dieu n'en

est pas moins un être simple ; ces perfections ne font que Dieu même conçu differemment à l'occasion des traits divers de sagesse, de justice ou de bonté qu'il fait éclater à nos yeux. **La** différence ou la distinction est dans nos idées, non dans l'objet de nos idées.

Les idées générales, selon les perfections differentes qu'elles nous retracent du même objet, font genre, espéce, différence; proprieté, accident. Une idée plus générale est genre ; une idée moins générale, espéce ; une idée qui détermine le genre à telle espéce, différence ; une idée de perfection essentielle ou naissante du fonds de l'espéce; proprieté ; une idée de qualité accidentelle, accident. On donne les mêmes noms, ce semble, aux objets divers de ces idées.

Parmi les idées, générales ou

non, il y en a d'abſoluës & des relatives. Celles-là ne font que preſenter leur objet à l'eſprit, comme l'idée de cercle ; celles-ci réveillent d'autres idées ; l'idée de la creature nous rappelle l'idée du Créateur. Les unes vont ſeules, pour ainſi dire ; les autres ſont toujours accompagnées.

Les objets, qui ſont parties quand ils ſont réünis & font un tout par leur aſſemblage, ont leurs relations, leurs rapports comme les idées.

Enfin, les différentes eſpéces d'idées ont des proprietés, des qualités différentes. Il y en a de claires & d'obſcures, de vraies & de fauſſes, de vives & de foibles, de diſtinctes & de confuſes. Les idées claires découvrent à l'eſprit ce que leur objet a de plus intime, ſa nature même ; les idées obſcures ne le font pas. Les

idées vraies peignent leur objet
tel qu'il est précisément ; les idées
fausses lui donnent des traits qu'il
n'a pas. Les idées vives attachent
fortement l'esprit sur leur objet ;
les idées foibles n'attirent guéres
& soutiennent peu l'attention.
Les idées distinctes discernent
sans peine un objet d'un autre ;
les idées confuses ne le démêlent
pas bien. Une sensation de rouge
est obscure ; l'idée de Dieu est
claire. La perception d'un bâton qui paroît rompu dans l'eau,
tandis qu'on sçait qu'il est droit,
est fausse ; l'idée qui fait de l'homme un animal raisonnable, est
vraie. L'idée de la Justice est
foible assez ordinairement ; la
vûë d'un éclair ou d'un nouveau
spectacle est vive. La perception
des voix différentes dans un concert est confuse , tandis que la
perception des voix & des instru-
mens est distincte.

Mais nulle idée complette ou parfaite en nous. Il n'appartient qu'à l'Etre infiniment parfait de connoître parfaitement les cho-ses.

N'eſt-ce pas là le précis de notre Entretien ?

EUDOXE. Précis qui montre & la facilité de votre eſprit & votre goût. Auſſi, cherche-rons nous des regles pour les idées.

III. ENTRETIEN.

SUR LES REGLES DES IDE´ES.

ARISTE. J'ai vû ce qui se passe dans mon esprit quand il apperçoit un objet, & je sçai, si je ne me trompe, ce que c'est qu'appercevoir. Mais enfin, la Logique est un art qui dirige les opérations de l'esprit ; elle a dont ses régles pour les idées mêmes. Ces régles, Eudoxe, les trouverons-nous encore dans nos méditations communes ?

EUDOXE. Faisons-en l'essai. Je vois une tour éloignée ; & c'est une tour que j'ai vûë de près. Je sçai qu'elle est quarrée ; & elle me paroît ronde. Quoiqu'elle me paroisse ronde, je ne puis croire à ce moment qu'elle soit ronde, puisque je sçai qu'elle eſt quarrée, & qu'on ne peut croire le contraire de ce qu'on ſçait. Je l'apperçois donc par cette eſpéce d'opération que l'on nomme perception ; mais je l'apperçois autrement qu'elle n'eſt en elle-même.

Ariste. Hé bien, s'il s'agit d'obſerver des objets ſenſibles ; pour eviter l'illuſion, ne les obſervons que d'une juſte diſtance.

Eudoxe. Un bâton droit me ſemble rompu dans l'eau. J'enfonce la main dans l'eau ; & je découvre au toucher que le bâton eſt droit. Le rapport de l'un de nos ſens corrige le témoignage d'un autre.

Ariste. Ainſi, quand il s'agit de diſcerner les objets ſenſibles, il eſt bon de faire uſage, s'il ſe peut, de pluſieurs de ſes ſens.

Eudoxe. J'entens une ſimphonie, un concert. C'eſt un bruit confus de voix & d'inſtrumens. Je fixe mon attention sur une voix, ou sur un instrument : la perception en est plus distincte.

ARISTE. En un mot ; moins l'attention de l'esprit est partagée, moins ses idées en sont confuses.

EUDOXE. Les Sensations, confuses ou distinctes, sont trompeuses ; elles rendent les objets presents à l'esprit, mais avec des circonstances qui ne sont pas réelles, avec des qualités imaginaires, comme la vûë d'une tour quarrée que l'éloignement fait paroître ronde, ou d'un bâton droit qui semble rompu dans l'eau. Au contraire, les Idées prises dans le sens propre, ne representant que la nature & les proprietés de leurs objets, comme l'idée de Dieu, ne trompent point.

ARISTE. Et c'en est assez pour me

faire fentir l'importance de difcerner les différentes efpéces de
perceptions, les Senfations, les
Idées, &c. Sans doute la raifon préfere la lumiere des Idées
aux impreffions obfcures & fauffes des Senfations.

Eudoxe. L'Idée du Cercle
en général s'offre à mon efprit.
Elle eft foible, & l'efprit ne s'y
arrête qu'avec peine. Les objets
qui ne frappent point les fens,
nous touchent peu. Soyons attentifs, traçons une figure de
Cercle . . . la vûë de cette figure fortifie mon Idée, & foutient l'attention de mon efprit.

Ariste. C'eft-à-dire, que
pour foutenir l'attention de l'efprit, il faut quelquefois fortifier
les Idées, ou les rendre plus
vives en les attachant en quelque
maniere à des figures fenfibles.

Eudoxe. Un fpectacle nou-
veau s'offre à mes yeux. La vûë
du

du spectacle est dangereuse ; elle
est trop vive ; elle peut occuper,
toute la capacité de l'ame, affoiblir, étouffer même l'idée de la
Vertu. Je détourne mes regards,
je porte mes pensées ailleurs ;
l'idée du spectacle s'affoiblit, &
le péril s'évanoüit.

ARISTE. Tant il est à propos
d'affoiblir quelquefois des idées
vives, soit en détournant ses regards, soit en portant ailleurs
sa pensée.

EUDOXE. Je pense à Dieu ;
l'idée de Dieu présente à mon
esprit un Etre suprême, un Esprit
infiniment parfait. Je fixe uni-
quement mon attention sur cette
idée totale. Je la tourne de tout
sens, je la pénétre, & l'approfondis ; & de cette Idée appro-
fondie naissent successivement
des Idées partiales qui la développent & l'éclaircissent, comme l'idée de juste, l'idée de mi-

fericordieux, les idées de libre ; de fage, de tout-puiffant, d'immuable, &c. Telle eft la nature de notre efprit; fes Idées naiffent les unes des autres, & elles naiffent d'autant plus claires, d'autant plus parfaites, que l'attention de l'efprit eft plus foutenuë, plus animée.

ARISTE. Vous voulez donc que l'on examine les Idées féparément, & qu'on les manie, pour ainfi dire, en tout fens. Les Idées étant deftinées à nous reprefenter les objets tels qu'ils font, elles doivent être exactes & nettes; & c'eft en les developpant, en les pénétrant les unes après les autres, qu'on les rend nettes & exactes.

EUDOXE. Quand j'approfondis une Idée totale, par exemple, celle d'Arifte, & que je la développe pour l'éclaircir, fi je vais d'Idées en Idées, felon

qu'elles font moins ou plus générales, qu'elles fe renferment
les unes les autres ou qu'elles
font naître les unes les autres; je
trouve que l'Idée d'Arifte renferme l'Idée d'homme; l'Idée
d'homme celle deraifonnable;
l'Idée deraifonnable, celle de
fubftance; l'Idée de fubftance,
celle d'être, enforte que l'Idée
qui précede, fait éclore celle
qui fuit. L'efprit qui voit ainfi la
fubordination des Idées & qui
fent quelque plaifir à aller, comme par degrés, d'Idées en Idées
naiffantes les unes des autres, &
toujours nouvelles, fe forme une
Idée jufte de l'arrangement &
de l'ordre naturelle des chofes;
il s'accoutume à fuivre imper-
ceptiblement des routes qui me-
nent agréablement de verités en
verités; & concevant les chofes
clairement, & fous un jour qui
fait plaifir, il les exprime de
même.

ARISTE. Je comprens qu'il eſt bon d'avoir les Idées d'une choſe rangées dans l'eſprit avec ordre, ſelon qu'elles ſont plus ou moins générales, ou qu'elles ſont renfermées les unes dans les autres. On veut qu'elles encheriſſent les unes ſur les autres. J'aime à voir dans Alexandre, d'abord le Roi de Macedoine, enſuite le Guerrier, le Vainqueur des Perſes, le Conquerant des Indes.

EUDOXE. Souvent les objets de nos Idées ont des rapports qui nous échappent faute de comparer nos Idées. Quelquefois nous le comparons, mais légérement, contents d'obſerver quelques traits de reſſemblance où l'attention nous découvriroit beaucoup de traits differents, de remarquer quelques traits différents où l'attention nous feroit voir beaucoup de traits de reſsemblance. On s'en tient à ce qui frappe d'abord ; d'où vient que la modération nous paroît lâcheté, la modestie, baffeffe, la témérité, valeur ; l'avarice, Oeconomie.

ARISTE. Il faut donc non-feulement démêler les proprietés, les caractéres de chaque Idée en particulier, mais comparer exactement les Idées, pour voir, dans la comparaifon des Idées, par quels endroits leurs objets différent ou fe reffemblent.

EUDOXE. Enfin, s'agit-il de difcerner fi les Idées font incompatibles ? Voyons, après les avoir comparées attentivement, fi l'une exclut l'autre.

ARISTE. 1. N'obferver que d'une jufte diftance les objets fenfibles. 2. Employer, autant qu'il fe peut, & felon les circonftances, pour éviter la fur-

prife, le témoignage de plufieurs
fens. 3. Partager le moins qu'il
eft poffible, fon attention. 4. Difcerner les différentes efpéces de
perceptions, les fenfations, les
Idées, &c. 5. Fortifier les Idées
trop foibles, en les attachant,
pour ainfi dire, à des figures fenfibles, ou par l'attention. 6. Affoiblir les Idées trop vives en
détournant fes fens, ou en portant ailleurs fa penfée. 7. Approfondir les Idées. 8. Les ran-
ger felon qu'elles font plus ou
moins générales, ou de maniére
qu'elles offrent toûjours à l'efprit
quelque chofe de plus frappant.
9. Se faire enfin des Idées exactes, & les comparer exactement
pour voir les rapports de leurs
objets.

Voilà des régles que j'ai trouvées en marchant fur vos pas,
Eudoxe; régles qui, ce me femble, peuvent être d'ufage pour

» avoir des Idées nettes, juſtes,
» rangées, convenables, vrayes,
» exemptes d'illuſions.

EUDOXE. Ce n'eſt point aſſez.
Il faut les exprimer, ces Idées ;
& les expreſſions des Idées, les
mots, les termes feront, ſi vous
le voulez, le ſujet d'un Entretien.

IV. ENTRETIEN.

SUR LES EXPRESSIONS DES IDE'ES.

EUDOXE. Je crains, Ariste, que pour m'expliquer sur les expreſſions des Idées, je ne ſois forcé d'employer, d'après la **Logique** & les Sçavans, des noms, des mots ou des termes qui ne flattent point aſſez des oreilles délicates. Auſſi, notre Entretien ne ſera-t'il pas long.

ARISTE. Je comprens que chaque art, chaque ſçience ayant ſes Idées & ſes objets propres, doit avoir ſes mots particuliers. Pourquoi la Logique ne joüiroit-elle pas de ce privilege ? Après tout, ſi quelques unes de ſes expreſſions ne nous flattent point d'abord, n'eſt-ce pas faute d'uſage ? l'uſage adoucit bien des choſes.

EUDOXE.

Eudoxe. D'ailleurs, il eſt juſte qu'il nous en coute un peu pour être en état d'entendre le langage des Sçavans. Vous ne ſeriez donc pas ſurpris, Ariſte, que la Logique vous parlât de termes déterminés ou ſinguliers, de termes univerſels, indéfinis, particuliers, univoques, équivoques, diſtributifs, collectifs, poſitifs, négatifs, contradictoires, explicatifs, déterminatifs, ſimples, complexes, compoſés, abſolus relatifs, &c. ?

Ariste. Mes oreilles ne ſont pas ſi faites à la plûpart de ces termes qu'aux expreſſions ordinaires dans l'uſage du monde : mais ils ont un avantage ; c'eſt de s'expliquer eux-mêmes. Sans que perſonne m'ait appris ce qu'ils veulent dire, je le conçois, ce ſemble. Je l'entrevois, du moins ; & pour peu que vous y répandiſſiez de jour, je le concevrois aſſez.

G

Je fçai que les noms s'appellent termes, & que les termes
font les expreffions des Idées.
Mais fi les termes font les fignes
des Idées, il me femble que les
Idées me font connoître les termes, (1)

Apparemment la Logique entend par terme fingulier, non pas
un terme extraordinaire, mais un
terme qui exprime une Idée déterminée, un objet fixe. Qui dit
Eudoxe, la Terre, le Soleil, la
Nation Françoife, ou l'Univers,
prononce un terme fingulier, un
nom propre.

Un terme exprime-t'il toute
l'étenduë d'une Idée générale,
comme ce terme, *toute fleur*, ont
toutes les fleurs ? C'eft un terme
univerfel ; une partie feulement

(1) Il ne faut pas confondre les idées
avec les mots, les noms, les fignes des idées.
Des termes différens ne laiffent pas de figni-
fier la même chofe, Fleur & *Flos* reveillent
la même idée.

indéterminée de cette étenduë, comme *quelque fleur* ou *quelques fleurs* ? C'eſt un terme particulier ; l'Idée générale preciſément, ſans l'étenduë de l'Idée, comme *fleur* ? C'eſt un terme indéfini (1).

Quand un terme général peut s'appliquer à pluſieurs choſes différentes, mais dans des ſens divers, ou qui n'ont nulle reſſemblance ; c'eſt un terme équivoque ou ambigu. Ce terme, *chaleur*, eſt équivoque : car, ce me ſemble, il ſignifie tantôt

---

(1) Souvent un terme général & vague devient un nom propre, ou un terme ſingulier, parce que les circonſtances ou quelques pronoms en reſtraignent la ſignification. Si en montrant un Homme, je dis, cet *Homme* : le terme général *Homme* eſt devenu un terme ſingulier. Lorſqu'en France, on dit, le Roy, le Roy s'eſt vû l'arbitre de la Guerre & de la Paix ; après avoir pris pluſieurs Villes, & gagné des Batailles, le Roy a fait une Paix glorieuſe, qui fut publiée à Paris le premier Juin 1739, ce terme général de lui-même, le Roy, ſignifie le Roy de France, le Roy regnant, Loüis XV.

ce que je sens lorsque je dis, j'ai chaud ; tantôt ce qui fait naître en moi ce sentiment.

Si un terme général s'applique indistinctement ou dans le même sens à plusieurs choses ? C'est un terme univoque, comme ce terme, *homme*, qui vous convient ainsi qu'à moi ; comme ce terme, plante, qui, quand il s'agit de Chêne, d'Orme, ou d'Oranger, réveille toujours des Idées de choses qui ont leurs racines, leurs tiges & leurs branches.

Un terme de caractére convient également à plusieurs choses tant en général qu'en particulier ; il se partage, il se distribuë, pour ainsi dire, entre elles : de-là, le nom de terme *distributif*. (1)

(1) Quelquefois, un terme universel & distributif n'est tel que parce qu'il convient à toutes les espéces d'un genre, ou à des individus de toutes les espéces, sans convenir à tous les individus indistinctement. Quand

Le terme *collectif* dit assez qu'il n'est fait que pour exprimer plusieurs choses à la fois ; les termes, Armée, Ville, Douze, &c. sont de cette espéce.

Un terme qui dit une chose sans négation, comme être, pensant, étendu ; c'est un terme *positif*. Un terme qui dit négation d'une chose, comme, non étendu ; c'est un terme *negatif*.

S'il n'y a point de milieu entre le terme positif & le terme negatif, ce font termes *contradictoires*, comme être, non être, étendu, non étendu. Deux termes positifs feront équivalemment contradictoires, quand l'un exclura l'autre, ou renfermera la négation de l'autre, comme repos & mouvement.

on dit : cet Homme a passé par toutes les charges, dit-on qu'il ait exercé toutes les charges en particulier ? Non, mais toutes les espéces de charges, ou quelque charge de chaque espéce.

Si le terme confiste dans un mot, c'eft un terme fimple ; tel eft ce nom, *Dieu*. Quand un terme eft accompagné d'autres mots, qui le développent, le déterminent, ou le reftreignent, faifant une Idée totale avec lui ; c'eft un terme complexe ; par exemple, Loüis XV, Roi de France, Prince cheri de fes Peuples & dans la Guerre & dans la Paix.

Souvent l'addition ne fait que déveloper un terme, comme lorfqu'à Loüis XV, on ajoûte Roi de France. Souvent l'addition détermine & reftreint la fignification d'un terme, comme lorfqu'au terme Prince, on ajoûte, cheri de fes Peuples & dans la Guerre & dans la Paix.

L'addition fe fait par le pronom relatif *qui* exprimé ou bien fous-entendu, comme lorfqu'on dit : Benoît XIV, qui eft Souverain Pontife, ou Benoît XIV, Souverain Pontife.

Tantôt le pronom, n'est pour ainsi dire, qu'*explicatif*; il ne fait que développer un terme, comme on le voit, quand je dis : « l'hom-
» me qui est l'assemblage d'un
» corps & d'une ame raison-
» nable. »

Tantôt le pronom est *détermi-natif*; il détermine, il restreint la signification d'un mot, comme il arrive lorsque je dis « l'homme
» qui est juste. »

Souvent un terme simple dans l'expression est complexe dans le fond, tel est ce terme les *devots*. Quand on dit, par exemple, « les *devots* sont dangereux, » ce terme simple en apparence, les *devots*, vaut ce terme complexe les *faux devots*. L'air & le ton de la voix en font penser plus qu'on en dit, & produisant des Idées accessoires, ils sont d'un terme simple un terme complexe.

Un terme refulte-t'il de plufieurs dont chacun retrace fon Idée fans rapport à l'autre ? C'eft un terme compofé ; par exemple, « Alexandre & Cefar. »

Enfin, les termes font abfolus ou relatifs felon qu'ils expriment des Idées abfoluës ou relatives. (1)

EUDOXE. Tant il eft vrai que

(1) Dirai-je que l'on diftingue dans l'Ecole termes fubftantifs, termes adjectifs, abftraits, concrets? On appelle terme fubftantif, un terme qui exprime une fubftance precifément, comme Soleil, Homme, Fleur, Diamant ; terme adjectif, un terme qui exprime diftinctement une qualité ajoutée à quelque fujet qu'il ne fait qu'indiquer, comme *Prudent* ; terme abftrait, un terme qui fignifie clairement une qualité détachée en quelque forte de fon fujet qui n'eft point indiqué, comme juftice, exiftence, impieté, dont les idées font traitées d'abftractions, parce que ce font des operations de l'efprit qui fepare en quelque forte une perfection, ou une qualité du fujet qui l'a en partage. Terme concret, un terme qui fignifie diftinctement & le fujet & la qualité du fujet, comme *l'Impie*.

les termes de Logique font faits
pour les Idées que l'on veut qu'ils
expriment ; & fi l'agréable ne fe
fait pas toujours fentir dans ces
termes , du moins l'utile s'y
trouve.

Les termes étant faits pour exprimer les Idées , ils doivent autant qu'il fe peut, être tellement choifis, qu'ils difent précifément ce que les Idées préfentent à l'efprit. Mais Arifte , n'obfervez vous pas comme moi, que la plûpart des termes employés dans l'ufage ordinaire ont quelque ambiguité.

ARISTE. N'eft-ce pas parceque la difete d'expreffions, eu égard à la varieté de nos penfées, oblige d'ufer des mêmes mots pour défigner différentes chofes ?

EUDOXE. De là vient en effet que les mots changent de fignifications felon les diverfes circonftances de perfonnes , de lieux & de temps. On dit d'un enfant, tantôt qu'il eſt grand, tantôt qu'il eſt petit; & l'on a toûjours raiſon. Il eſt petit par rapport à un homme fait, & il eſt grand pour ſon âge. Le même chemin eſt court & long; long à pied, & court en caroſſe. Les mets qui ſont agréables quand on ſe porte bien, ſont déſagréables lorſqu'on eſt malade.

Souvent les termes ſuppoſent des Idées que l'on n'a pas, où ils diſent plus ou moins que les Idées qu'on a. Un ſigne, un geſte, l'air du viſage attache aux paroles des Idées acceſſoires qui diverſifient leur ſignification.

Sources d'erreurs, mais d'erreurs que l'on prévient quand on eſt attentif aux circonſtances qui accompagnent les paroles.

ARISTE. C'eſt-à-dire qu'il eſt bon d'être ſans ceſſe en garde contre l'ambiguité des termes.

EUDOXE. Et nous voilà, ce
semble, en état de voir ce qui se
passe dans notre esprit, quand il
s'agit de décider sur le rapport
des Idées ou des termes ; en un
mot, quand nous jugeons.

V. ENTRETIEN.

SUR LE CARACTERE DES JUGEMENS.

ARISTE. Vous m'avez fait voir ce qui se passe dans mon esprit quand il apperçoit. De grace, Eudoxe, faites moi voir de même ce qui s'y passe quand on juge.

EUDOXE. Hé bien, Ariste, nous avons trouvé dans nous-mêmes par la méditation la nature, les espéces différentes, & les différentes proprietés de nos Idées. Cherchons par la même voye la nature, les espéces différentes, & les différentes proprietés de nos jugemens. Discutons à loisir, examinons en détail, & suivons pas à pas ce qui s'opere en nous avec la rapidité d'un éclair.

Ces deux termes, *Dieu*, *Juste*,
viennent s'offrir à mon esprit.
Ils y font naître deux idées, l'i-
dée de Dieu, & l'idée de Juste.
Chaque idée me presente en elle-même son objet. Je considere,
j'approfondis l'idée de Dieu, &
j'y découvre l'assemblage de toutes les perfections ; j'y démêle un
Etre qui assigne à chacun ce qui
lui est dû. Je considere, j'approfondis à son tour l'idée de Juste ;
& j'y vois un Etre qui assigne à
chacun ce qui lui est dû. Je compare les deux idées pour en connoître le rapport. Ce que j'apperçois dans l'idée de Juste, je
l'apperçois dans l'idée de Dieu.
Dans les deux idées , c'est un
Etre qui assigne à chacun ce qui
lui est dû. Je vois dans l'objet de
la premiere , ce que je vois dans
l'objet de la seconde. Enfin ,
éclairé par la lumiere des deux
Idées , je prononce intérieure-

ment fur la convenance de leurs objets ; je décide & je dis : « le premier renferme le fecond, » Dieu eft jufte » ; & ma décifion eft un jugement.

Maintenant, ce font ces deux termes, *Dieu*, & *trompeur* qui viennent fe préfenter à mon efprit. Ils y réveillent deux Idées, celle de Dieu, & celle de trompeur. Dans l'idée de Dieu, je découvre toûjours un Etre parfait, ennemi du menfonge ; dans l'idée de trompeur, un Etre ami du menfonge. Et comparant les deux Idées, je vois dans l'objet de la premiere l'exclufion de l'objet de la feconde. Enfin, à la lumiere des deux Idées ; je prononce intérieurement fur la différence de leurs objets ; je décide, & je dis : » l'un n'eft pas l'autre » non « Dieu n'eft pas trompeur » & ma décifion eft un jugement.

Le jugement eft donc une décifion de l'efprit fur le rapport qu'il apperçoit dans les objets de fes Idées.

Ainfi, quand il s'agit de juger, 1. L'on a dans l'efprit deux Idées du moins. 2. L'on compare les deux Idées. 3. L'efprit apperçoit quelque rapport de convenance ou de différence dans leurs objets ; 4. Il décide.

ARISTE. La décifion ne feroit-elle pas la perception même du rapport apperçû ?

EUDOXE. Quand je décide, je fens, ce me femble, que mon efprit ajoûte quelque chofe à la perception. On apperçoit même tel rapport fur lequel on ne juge point. Deux perfonnes voient de loin une tour quarrée. Elle paroît ronde à l'un & à l'autre à caufe de la diftance. L'un qui ne l'a pas vûë de près, juge qu'elle eft ronde fur l'apparence. L'autre qui l'a vûë de près & qui fçait qu'elle eft quarrée, ne juge pas qu'elle soit ronde : autrement, il jugeroit tout à la fois qu'elle est ronde & qu'elle ne l'est pas. Donc le jugement n'est pas la perception même ; il la suppose ; & c'est une seconde espéce de pensée.

Dans cette seconde espéce de pensée, mon esprit affirme ou nie de l'objet d'une Idée, l'objet d'une autre Idée. De là deux sortes de jugemens ; l'un affirmatif, par où j'affirme, comme lorsque je dis « Dieu est Juste » ; l'autre, négatif, par où je nie, comme lorsque je dis : « Dieu n'est pas trompeur ».

Ariste. Mais, Eudoxe, nier qu'il y ait convenance entre deux objets, & en affirmer la différence, juger qu'Ariste n'est pas Eudoxe, ou qu'Eudoxe & Ariste sont deux choses différentes ; n'est ce pas le même jugement ?

Eudoxe. L'un vaut l'autre, sans

fans être le même. La valeur d'un loüis d'or, ou celle de quatre écus de fix francs, eft la même. Néanmoins, la nature des quatre écus n'eft pas celle du loüis. Ainfi, un jugement negatif vaut tel jugement affirmatif, & tel jugement affirmatif vaut un jugement negatif: l'un porte la même lumiere que l'autre dans l'efprit, quoique ce foient des modes de l'efprit différents, comme l'efprit le fent affez, des manieres d'être, des chofes différentes.

Dans l'une & l'autre efpéce de jugement, ma décifion eft conforme, ou non, au rapport des Idées ou de leurs objets. Y eft-elle confome ? le jugement eft vrai; n'y eft-elle pas conforme ? le jugement eft faux.

D'ailleurs, quand j'affirme de l'objet d'une Idée l'objet d'une autre Idée ; j'affirme ce qui eft ou n'eft pas. Si j'affirme ce qui eft,

H

le jugement affirmatif eſt vrai.
Si j'affirme ce qui n'eſt pas, le
jugement affirmatif eſt faux. Donc
tout jugement affirmatif eſt vrai
ou faux.

Quand je nie de l'objet d'une
Idée l'objet d'une autre Idée ,
je nie ce qui eſt ou ce qui n'eſt
pas. Si je nie ce qui eſt, le jugement négatif eſt faux. Si je nie
ce qui n'eſt pas, le jugement négatif eſt vrai : Donc tout jugement negatif eſt faux ou vrai·

ARISTE. Ainſi, tout jugement
eſt faux ou vrai ; je le crois. Mais
Eudoxe, je ne concois pas bien
comment je fais tant de jugemens faux. Car enfin, les Idées
des objets ſont immediatement
préſentes à mon eſprit. Je vois
immediatement leurs rapports :
& ſi je vois immédiatement leurs
rapports, comment m'y trompe-
je ? comment puis-je décider
qu'il y a convenance où je vois

difference ; différence, où je vois convenance ?

EUDOXE. Toutes les Idées, comme nous l'avons dit, excepté l'Idée de l'être, font compofées d'Idées partiales ; d'où vient que fouvent les Idées totales fe reffemblent par quelques Idées partiales & different par d'autres, fans fe refembler ou différer dans leur totalité. Quelquefois l'efprit frappé des rapports de reffemblance oublie les rapports de différence; quelquefois frappé des rapports de différence, il oublie les rapports de reffemblance, ou n'y fait pas attention. Sur quelques traits femblables ou différents, il joint, il fépare les Idées ou leurs objets dans leur totalité. Il dit plus qu'il n'apperçoit & qu'il n'en eft. Il nie ce qui eft, il affirme ce qui n'eft pas ; & ce font des jugemens faux (1).

(1) Mais peut-on avoir deux idées imme-

D'ailleurs, l'esprit a des perceptions fausses, qui lui présentent leurs objets avec des circonstances, des qualités qu'ils n'ont pas ; telle est la fensation qui vous fait voir un bâton comme rompu dans l'eau lorsqu'il est droit. L'esprit qui juge des objets fur ces espéces d'Idées, fur ces perceptions, donne aux objets des circonstances ou des qualités qu'ils n'ont pas. Ainfi, jugeons-nous qu'un bâton droit est rompu dans l'eau, qu'une tour est ronde lorfqu'elle est quarrée ; & c'est erreur. (1)

diatement préfentes à l'esprit fans voir au même temps leurs rapports & y faire attention ? Oüi : beaucoup de gens ont l'idée d'un cercle, & par conféquent d'un demi-cercle, & l'idée d'un triangle, ou d'une figure à trois côtés, qui font trois angles, trois pointes, fans voir dans le demi-cercle la valeur ou la mefure des trois angles du Triangle. Il manque encore à ces idées quelques degrés de clarté néceffaires pour y découvrir certains rapports.

(1) Dira-t'on que je ne connois ici le bâ-

Enfin, point de jugemens fans
propofitions : mais les propofitions demandent un détail où je
ne puis entrer aujourd'hui.

ton comme rompu, que par un jugement,
par où je juge qu'il me paroît rompu ? Je
demanderai : pourquoi juge-je que le bâton
me paroît rompu, finon parce que préala-
blement il me paroît rompu, ou qu'il s'offre
à mon efprit comme s'il étoit rompu ? Tout
jugement fuppofe deux perceptions, deux
objets. Il faut que l'efprit voye ces deux chofes avant que de prononcer fur leur rapport.

VI. ENTRETIEN.

SUR LES DIFFE'RENTES ESPE'CES DE PROPOSITIONS.

ARISTE. Vous allez être furpris, Eudoxe, de me trouver fi éloquent fur les différentes efpéces de Propofitions. Eugene qui a puifé avant moi dans la même fource de lumieres m'a mis au fait. Ayez la patience de voir fi j'ai pris votre penfée en effayant de prendre la fienne.

EUDOXE. Volontiers.

ARISTE. Dans le jugement, faux ou vrai, la décifion de l'efprit tombe fur le rapport de deux objets, que l'on nomme affez ordinairement termes, auffi-bien que les noms qui expriment les idées. Et pour commencer par une efpéce d'Anatomie de mots;

le mot, qui exprime la décifion de l'efprit, je l'appelle *Verbe* ; *oüi, non, eft, n'eft pas,* ce font autant de Verbes. Le Verbe *eft,* fans la particule *non,* fignifie l'action d'affirmer, l'affirmation, le jugement affirmatif. La Particule *non* avant le Verbe *eft* fignifie l'action de nier, la négation, le jugement négatif.

L'affemblage des deux termes & la décifion, c'eft la Propofition. La Propofition renferme & les deux termes & le jugement ou la décifion. Quelquefois je ne décide que dans l'efprit ; & c'eft une Propofition *mentale ;* quelquefois j'exprime de la voix ma décifion ; & c'eft une Propofition *vocale.* Examinons celle-ci pour déveloper mieux ce qui regarde celle-là.

Dans toute Propofition, j'affirme ou nie un terme d'un autre. De là, deux fortes de Propositions; l'une affirmative, par exemple, « le vice est féduifant; » l'autre negative, par exemple, « la vertu n'eft point farouche. »

Quand je fais une proportion, foit affimative, foit negative; la chofe énoncée eft, ou non, comme je l'énonce. Si la chofe énoncée eft comme il l'énonce, la Propofition eft vraie; fi la chofe énoncée n'eft pas comme je l'énonce, la Propofition eft fauffe. Ainfi, toute Propofition eft vraie ou fauffe; & puifque toute Propofition eft vraie ou fauffe en elle-même, qu'elle regarde l'avenir ou le paffé, elle eft fauffe ou vraye.

Dans l'une & l'autre efpéce de Propofitions, quelquefois les deux termes ne font pas dévelopés ou diftincts; le Verbe envelope quelque terme. Cette Propofition, « Dieu exifte, » vaut celle

celle-ci, « Dieu eſt exiſtant. » Souvent les deux termes de la Propoſition y ſont dévelopés & diſtinĉts, comme dans celle-ci, « le Juſte eſt heureux. »

Les deux termes dévelopés & diſtinĉts d'une Propoſition ſont-ils préciſément les mêmes ; preſentent-ils le même objet préciſément à l'eſprit ? C'eſt une Propoſition que les Philoſophes appellent *Identique*, comme lorſque je dis, « une perle eſt une perle ; » eſpéce de Propoſition dédaignée, ce ſemble, à cauſe de ſon excès de lumiere. Si l'un des termes de la Propoſition a quelque circonſtance que l'autre n'ait pas, comme quand on dit » Alexandre fut toûjours Alexan- » dre, » c'eſt-à-dire, grand juſqu'à la mort ; la Propoſition n'eſt pas Identique. Un des termes rappelle dans l'eſprit quelque choſe que l'autre n'y retrace pas.

I

EUDOXE. Apparemment les termes d'une Propofition auront leur nom propre pour les caractérifer.

ARISTE. Oh, il y a long-tems qu'ils font en poffeffion d'être appellés, l'un, le fujet, & l'autre, l'attribut de la Propofition. Celui dont j'affirme ou nie l'autre, c'eft le *fujet* ; celui que j'affirme ou que je nie de l'autre, c'eft l'*attribut*. Dans cette Propofition, » Eudoxe eft complaifant ». Eudoxe eft le fujet, & complaifant, l'attribut.

EUDOXE. Mais le fujet eft-il toûjours le premier terme de la propofition; & l'attribut, le fecond ?

ARISTE. Quelquefois le fujet eft le fecond; & l'attribut, le premier. Quand je dis, par exemple, » c'eft fageffe que de folâtrer à propos »; folâtrer à propos eft le fujet; & fageffe, l'attribut; c'eft

comme fi je difois, « folâtrer à pro-
» pos , c'eſt fageſſe » (1).

EUDOXE. Mais il s'agit de difcerner le ſujet & l'attribut.

ARISTE. En général, la choſe
dont on affirme ou dont l'on nie ,
eſt le ſujet ; la choſe qu'on affirme , ou que l'on nie , l'attribut. (2)

Une idée partiale eſt attribut d'u-
ne idée totale ; une idée totale n'eſt

(1) *Deſipere in loco ſapere eſt.*
(2) Souvent l'attribut modifie & perfectionne interieurement le ſujet ; comme lorſqu'on dit : c'eſt un Homme ſçavant , plein
d'eſtime, d'amour & de reſpect pour la vertu.
La ſcience, l'eſtime, l'amour & le reſpect ,
ſont des perfections , des modes intérieurs
& réels du ſçavant, qui eſtime, aime & reſpecte la vertu. Quelquefois l'attribut ne modifie ni ne perfectionne intérieurement le ſujet ; quand on dit : « C'eſt un Homme eſti-
» mé , aimé, reſpecté pour ſa ſcience & pour
» ſa vertu. » L'eſtime , l'amour & le reſpect
ne perfectionnent point dans le fonds celui
qu'on eſtime , qu'on aime & qu'on reſpecte.
Les termes, *eſtimé, aimé , reſpecté*, ne diſent
rien que d'extérieur au ſujet ; & les termes
de cette ſorte s'appellent *denominations exté-*
rieures.

I ij

point attribut d'une idée partiale ;
On affirme celle-ci de celle-là ,
nonpas celle-là de celle-ci. On
» dit un homme eſt une ſubſtan-
» ce, » non pas « une ſubſtance
» eſt un homme. »

Enfin, le ſujet a la prérogative de déterminer l'étenduë de
la propoſition. Si le ſujet eſt un
terme univerſel ou général, indéfini, particulier, ou ſingulier,
la propoſition eſt univerſelle ou
générale, indéfinie, particuliere
ou ſinguliére.

Voulez-vous des propoſitions
générales ? « tous les hommes
ſont mortels », « nul impie n'eſt
» heureux. »

Des propoſitions indéfinies ?
Les Anglois ſont ſpirituels , les
François ſont généreux , les Eſ-
pagnols ſont prudents , les Alle-
mands ſont guerriers , les Turcs
ne ſont pas ſçavants , les Chinois
ſont polis.

Des propositions particulieres ?
» Quelques justes deviennent im-
» pies » « quelques impies de-
» viennent justes. » « Il y a des
» pauvres contents » « Il y a des
» riches malheureux. »

Des propositions singulieres ?
» Aristote étoit Logicien » Des-
» cartes étoit Physicien » Eudoxe
» est Logicien & Physicien.

EUDOXE. Eudoxe fera tout ce
qu'il vous plaira ; & il fera quatre
fortes de propositions ; en un mot,
s'il dit : « tout homme est raison-
» nable . . . l'homme est raison-
» nable . . . quelque homme est
raisonnable . . . Ariste est raisonnable.

Mais observez-vous ce que
j'observe dans ces fortes de propositions ? Quand on dit « tout
homme est raisonnable » on ne
prétend pas dire, « tout homme
» est tout être raisonnable.» Ariste
est homme, il est raisonnable fans

être Eudoxe. Mais on veut dire; » tout homme est un être ou quelque être raisonnable. »

On affirme de tout homme tout le fonds de ce terme, *raisonnable*, ou tout ce qu'il presente à l'esprit, non pas toute l'étenduë de ce terme, ou l'assemblage des êtres auxquels il peut convenir.

ARISTE. C'est-à-dire que dans la proposition générale affirmative, tandis que le sujet est un terme général, l'attribut n'est qu'un terme particulier.

Mais quand on dit « nul impie » n'est heureux » on exclut de chaque impie, non tout le fonds de ce terme, *heureux*, ou tout ce qu'il offre à l'esprit, car il presente à l'esprit, *être*, *substance*, &c; mais l'étenduë de ce terme *heureux*; on exclut de l'impie non un être heureux, ou quelque être heureux, mais tout être heureux.

EUDOXE. C'est-à-dire, que

dans la propofition générale negative, l'attribut eft général comme le fujet.

ARISTE. En un mot, que la
propofition foit générale, ou
non ; quand on affirme, tout le
fonds de l'attribut, tout ce qu'il
offre à l'efprit eft affirmé, mais il
n'eft point affirmé dans toute fon
étenduë ; l'étenduë de l'attribut,
répond à celle du fujet. C'eft le
contraire, quand on nie.

J'obferve encore dans les propofitions générales deux fortes
d'univerfalité, l'une parfaite, l'autre imparfaite ou morale ; celle-là
ne fouffre aucune exception ; celle-ci fouffre quelque exception.
Quand je dis, « tout homme eft
» né pour être heureux » je n'en
excepte aucun. Mais quand je
dis : « tout jeune homme eft lé-
» ger & volage » j'en excepte
quelques-uns ; je veux feulement
dire que le grand nombre des

jeunes gens eſt volage & léger.
Là, c'eſt univerſalité parfaite;
ici, c'eſt univerſalité morale.
Tantôt l'une, tantôt l'autre convient à la propoſition indefinie.

Quelquefois, le rapport des
deux termes d'une propoſition
vient de l'eſſence ou de la nature
même des choſes; & une propoſition indefinie de cette eſpéce
vaut une propoſition d'une univerſalité parfaite : ainſi, quand
on dit « l'homme eſt raiſonnable » c'eſt comme ſi l'on diſoit,
« tout homme, ſans exception,
» eſt raiſonnable. »

Quelquefois, le rapport de
deux termes n'eſt qu'accidentel
ou fortuit, quoiqu'il ſoit ordinaire. Alors, la propoſition indefinie vaut ſeulement une propoſition univerſelle d'une univerſalité morale : ainſi, quand on
dit : « les vieillards ſont de mau-
vaiſe humeur, ou les joüeurs ſont

fujets aux emportemens de la colere; » cela fignifie précifément
que le grand nombre des vieillards ou de joüeurs eft de ce caractére. (1)

Pour la propofition particuliere affirmative, l'attribut en eft
particulier ; le fujet y reftreint
l'étenduë de l'attribut. Si je dis,
« quelque homme eft fçavant »
fçavant fe prend, il eft vrai, felon tout le fonds de l'idée qu'il
prefente à l'efprit, non pas felon

(1) Quelquefois & dans la propofition univerfelle & dans la propofition indéfinie, l'attribut refireint le fujet jufqu'à le mettre au-
deffous du plus grand nombre. Si l'on dit :
» Tous les Hommes doivent leur bonheur
» éternel à Jefus-Chrift, » c'eft-à dire, tous
les Hommes qui font fauvés, doivent leur
bonheur éternel à J. C. » Tous les Animaux
» fe trouverent dans l'Arche de Noë, » c'eft-
à-dire, quelques Animaux de toutes les fe-
péces.

Quand on dit : » Les Anglois font grands
» Phyficiens » ; on ne dit pas que la plûpart
des Anglois foient grands Phyficiens ; mais
feulement, qu'il y a parmi les Anglois beaucoup de grands Phyficiens.

toute son étenduë ; il ne s'étend ,
ainsi que le sujet, qu'a un homme indeterminé ; c'est comme si
je disois : « quelque homme est
» quelque être sçavant. » Mais si
je dis : « quelque riche n'est pas
» heureux » heureux se prend dans
toute son étenduë ; C'est comme si je disois « quelque riche
» n'est nul être heureux. » Ainsi,
dans la proposition particuliere
négative, l'attribut s'étend plus
que le sujet ; & c'est un terme
général.

Dans la proposition singuliere ,
quelquefois le sujet est un terme
général de lui-même, mais déterminé par une article qui l'accompagne, & ne signifie qu'une
chose fixe, qu'un individu.

Eudoxe. Comme lorsqu'on
dit d'Ariste, « ce jeune homme
» est spirituel, curieux, attentif;
» il sera sçavant. »

Ariste. Pour m'interrompre ,

il falloit imaginer, ce semble, quelque proposition un peu plus vrai-semblable.

Souvent le sujet est un nom propre, comme lorsqu'on dit, « Aristote est le plus illustre des » Philosophes anciens . . . . Des- » cartes est le plus célebre des » Philosophes modernes . . . So- » crate est le plus sage des Phi- » losophes. »

Le sujet d'une proposition sin- guliere, quoiqu'il ne signifie qu'une chose fixe, est pris, com- me le terme universel, dans tou- te son étenduë. Ainsi la proposi- tion singuliere a des prérogatives de la proposition générale. Voilà quelques observations.

Eudoxe. En voici d'autres. Nous avons dit qu'il y avoit des termes simples, des termes com- plexes, des termes composés. . .

Ariste. Ainsi, quand les ter- mes de la proposition font simples, c'est une proposition *simple*, comme celle-ci, « l'amitié est généreuse. (1)

Un des termes de la proposition est-il complexe, ou le font-ils tous deux ? j'appelle la proposition *complexe* ; telle est celle-ci, » un homme qui sçait donner un » frein à ses passions, est tran- » quile. »

Enfin, un des termes de la proposition est-il composé, ou le font-ils tous les deux ? C'est une proposition composée ; par exemple, « Alexandre & Cesar étoient » hommes de Lettres . . . Cesar » & Alexandre étoient hommes » de Lettres & les Héros de leur » siécle. »

Ainsi, dans la proposition complexe, le sujet ou l'attribut est un terme accompagné de quelque

____

(1) On peut appeller proposition simple, comme on fait assez souvent, celle qui n'a qu'un sujet & qu'un attribut.

autre qui en explique ou détermine le fens. Dans la propofition
compofée, le fujet ou l'attribut
réfulte de plufieurs termes, qui
ont chacun leur fens déterminé,
indépendamment les uns des autres, & qui peuvent être attributs
ou fujets les uns fans les autres.

EUDOXE. La propofition complexe ou la propofition compofée
en vaudra donc plufieurs ?

ARISTE. Quand je dis, « Loüis
» XV, Prince victorieux & pa-
» cifique, a fait la paix avec
» l'Empire, » c'eft comme fi
je difois, « Loüis XV qui eft un
» Prince victorieux & pacifi-
» que, a fait la paix avec l'Em-
» pire ; » propofition, qui en vaut
deux au moins : la premiere,
» Loüis XV a fait la paix, la
» feconde, « qui eft unPrince
» victorieux eft pacifique. »

La premiere eft indépendante
de la feconde; la feconde dépend

de la premiere, le pronom en montre la dépendance. Auffi, la premiere fe nomme propofition *principale*, la feconde, *incidente.* Ainfi la propofition complexe contient une propofition principale & quelque propofition incidente; une propofition incidente quand il n'y a qu'un terme complexe ; deux propofitions incidentes, fi le fujet & l'attribut font deux termes complexes.

Quand la propofition incidente , ou l'addition qui rend le fujet complexe , n'eft qu'explicative , ou ne fait que developer l'idée du fujet, l'attribut peut s'affirmer du fujet indépendamment de la propofition incidente ou de l'addition. Ainfi, quand on dit : » Notre ame qui eft immortelle » d'elle-même, eft deftinée à vi- » vre encore après notre mort. « L'attribut, » deftinée à vivre après » notre mort », peut être affirmé de notre ame indépendamment de la propofition incidente, " qui " eft immortelle. „

Lorfque la propofition incidente ou l'addition eft déterminative, ou qu'elle détermine & reftreint le fujet ; l'attribut ne s'affirme pas toûjours du fujet indépendamment de la propofition incidente ou de l'addition. Si je dis : « l'homme qui eft jufte, eft » cheri de Dieu » l'attribut, *cheri de Dieu*, ne convient qu'à l'homme *qui eft jufte* (1).

Enfin, quelquefois l'addition, qui fait d'un terme fimple, un terme complexe, exprime diftinctement la raifon qui lie l'attribut avec le fujet ; & l'on donne à la propofition le nom de *redu-*

(1) Dans les propofitions complexes, quoique le fujet ou l'attribut renferme plufieurs propofitions, il n'y a proprement qu'un fujet & qu'un attribut. Les propofitions incidentes jointes par le pronom relatif *qui* ne font que partie du fujet ou de l'attribut.

plicative ; telle eſt celle-ci :
» l'homme, en tant que libre,
» peut être à ſon gré vicieux ou
vertueux. »

Quand je dis : « Alexandre &
» Céſar étoient les Héros de leur
» ſiécle ; » Je dis équivalemment :
« Alexandre étoit le Héros de ſon
» ſiécle, Céſar étoit le Héros de
» ſon ſiécle. » Deux propoſitions
indépendantes l'une de l'autre ;
deux propoſitions principales.

La propoſition compoſée renferme donc pluſieurs propoſitions principales ou indépendantes dans leur ſens (1).

Je produirois ici pluſieurs eſpéces de propoſitions compoſées,
ſi je ne craignois de vous allar-
mer, à mon tour, Eudoxe : mais
ſi j'allois vous rappeller des pro-

(1) On peut dire que la propoſition complexe eſt ſimple en ce ſens, qu'elle n'a proprement qu'un ſujet & un attribut, mais
compoſée en ce ſens ; qu'elle contient pluſieurs propoſitions.

pofitions copulatives, des propofitions disjonctives, condition-
nelles, exclufives, &c. que di-
riez-vous ?

EUDOXE. Je dirois comme
vous : l'oreille s'y fait ; d'ailleurs
ce font termes d'art. S'ils n'ont
pas une certaine harmonie, ils
facilitent l'accès des fciences les
plus fublimes ; & par là ils méritent notre attention, furtout quand
vous vous expliquez là-deffus avec
tant d'ardeur & tant de zele pour
démêler les routes fecretes qui
peuvent conduire à verité.

ARISTE. Hé bien, quand je
fais cette propofition : » La Foi
» & les bonnes œuvres font né-
» ceffaires au falut : 1. Je dis équivalemment, » la Foy eft néceffai-
» re au falut, les bonnes œuvres
» font néceffaires au falut. » La
propofition renferme donc deux
propofitions principales, deux
propofitions indépendantes l'une

de l'autre : elle eſt donc compofée. 2. Le Sujet eſt formé de deux
termes, donc chacun fait une idée
totale, deux ſujets, pour ainſi dire,
mais liés par une conjonction : de-
là lui vient le nom de propoſition
copulative.

La propoſition copulative eſt
une propoſition compoſée, dont
le ſujet ou l'attribut, ou l'attribut
& le ſujet ſont formés de pluſieurs
termes indépendants, qui font,
chacun, des idées totales, & qui
peuvent être ſujets ou attributs de
pluſieurs propoſitions, mais qui
ſont liés par une conjonction affirmative ou négative *&* ou *ny.*

La verité de la propoſition copulative dépend de la verité des
propoſitions qu'elle renferme.
Pourquoi cette propoſition ? » La
» Foy & les bonnes œuvres ſont
» néceſſaires au ſalut, « eſt-elle
vraie ? Parce que l'attribut, *necef-*
faire au ſalut, convient à l'aſſem-

blage des bonnes œuvres & de
la Foy ; car c'eſt comme ſi je diſois : l'aſſemblage de la Foy &
des bonnes œuvres eſt néceſſaire
au ſalut : or, pour que cet attribut, *néceſſaire au ſalut*, convienne
à l'aſſemblage des bonnes œuvres
& de la Foy, il faut que les deux
propoſitions, » la Foy eſt néceſ-
» ſaire au ſalut, les bonnes œu-
» vres ſont néceſſaires au ſalut,
» ſoient vraies. »

EUDOXE. De-là, ſi je dis: » Les
» richeſſes & la Foy ſont néceſ-
» ſaires au ſalut », la propoſition
eſt fauſſe, quoi qu'elle contienne
une propoſition vraie.

ARISTE. J'en apperçois la raiſon, ce me ſemble. Vôtre propoſition en renferme deux, ſçavoir, « la Foy eſt néceſſaire au ſa-
» lut, les richeſſes ſont néceſſaires
» au ſalut. » La premiere eſt vraie,
la ſeconde eſt fauſſe. Cela ſuppoſé ; quand vous dites : » la Foy &

» les richesses sont nécessaires au
» salut » ; c'est comme si vous di-
siez : l'assemblage des richesses &
de la Foy est nécessaire au salut :
or, il est faux que l'assemblage,
des richesses & de la Foy soit nécessaire au salut. Il faudroit, pour
que cela fût vrai, que ces deux
propositions,» la Foy est nécessai-
» re au salut, les richesses sont né-
» cessaires au salut,» fussent vraies:
or, l'une des deux est fausse.

EUDOXE. Un esprit que le goût
du vrai rend attentif, le saisit bien-
tôt.

Quand je dis : » Si la Fortune
» vous rit, vous aurez des Amis».
1. La proposition en contient
deux, sçavoir, *la Fortune vous rit,*
& *vous aurez des Amis* : elle est
donc composée. 2. Cette proposition composée dit qu'une des
propositions qu'elle contient, suit
de l'autre ; & elle en énonce la
liaison, ou la suite par l'expression

conditionnelle , *ſi* : & c'eſt une propoſition *conditionnelle.*

La propoſition conditionnelle eſt une propoſition compoſée qui renferme deux parties liées par la condition *ſi,* & dont elle dit que l'une ſuit de l'autre. (1) Voulez-vous des propoſitions de cette eſ-péce ? » Si vous aimez à médire , » on vous craindra plus qu'on ne » vous aimera… L'on vous aime-» ra plus qu'on ne vous craindra , » ſi vous prenez le parti de ceux » que la médiſance attaque. »

Cette eſpéce de propoſition n'énonce pas la réalité de ce que les deux parties , qui la compo-ſent , diſent ſéparément ; mais la liaiſon ſeulement de ces deux par-ties : elle déclare préciſément que l'une ſuit de l'autre. Par conſé-

---

(1) La partie d'où ſuit l'autre dans une propoſition conditionnelle, ſe nomme ordi-nairement, l'*Antécedent* , & l'autre , le *con-ſéquent.*

quent la propoſition conditionnelle eſt vraie, quand une de ſes
parties ſuit de l'autre. Si aucune
de ſes parties ne ſuit de l'autre,
elle eſt fauſſe. De-là, quoique
vous ſoyez riche & vertueux,
néanmoins cette propoſition conditionnelle, » Si vous êtes riche,
» vous êtes vertueux », eſt fauſſe,
parce que la ſeconde partie ne
ſuit point de la premiere, & que
la vertu n'eſt guéres le fruit ou la
ſuite de l'opulence. Au contraire, quoique le Cheval de Bronze
n'ait point d'eſprit, & qu'il ne
penſe nullement : cette propoſition, » Si le Cheval de Bronze
penſe, il a l'eſprit en partage, »
n'en eſt pas moins vraie, parce
que l'un ſuit de l'autre.

Quand je dis : » ou le nombre
» eſt pair, ou le nombre eſt im-
» pair » : 1. La propoſition enfer-
me ces deux parties, ces deux
propoſitions, *le nombre eſt pair,*

le nombre eſt impair : donc elle eſt compoſée. 2. Ces deux parties ſont parfaitement oppoſées, point de milieu ; de ſorte que ce que dit celle-là exclut ce que dit celle-ci, & que ce que dit celle-ci exclut ce que dit celle-là ; que ſi le nombre eſt pair, il n'eſt pas impair, & que s'il eſt impair, il n'eſt pas pair. La propoſition exprime cette oppoſi-tion parfaite par l'expreſſion dif-jonctive *ou :* la propoſition eſt donc une propoſition *disjonctive.*

La propoſition disjonctive eſt une propoſition qui renferme deux parties oppoſées, & incom-patibles, dont ce que dit l'une, doit ſubſiſter à l'excluſion de ce que dit l'autre, & dont l'oppoſi-tion eſt énoncée par l'expreſſion disjonctive *ou.*

De-là, la propoſition disjonc-tive en vaut deux conditionnel-les. Dites : » L'Impie fera une » pénitence ſincere & conſtante

» jufques à la mort, où il périra à
» jamais : c'eft comme fi vous di-
» fiez : Si l'Impie ne fait une pé-
» nitence fincere & conftante juf-
» ques à la mort, il perira à ja-
» mais ; fi l'Impie ne périt pas à
» jamais, il fera une pénitence
» fincere & conftante jufques à
» la mort ».

Pour que la propofition dif-
jonctive foit exactement vraie,
il faut que l'oppofition & l'incompatibilité des deux parties qui la
compofent, foit exacte. Je dis
vrai, fi je dis : » Alexandre & Da-
» vid étoient de taille égale, ou
» de taille inégale » ; parce qu'entre taille égale & taille inégale,
il n'eft point de milieu : mais fi je
dis : » Tout homme eft fçavant ou
» ignorant », je ne dis pas vrai
dans le fonds ; parce qu'entre fçavant & ignorant, il y a quelque
milieu, qui confifte dans une certaine médiocrité de connoiffances. EUDOXE.

ARISTE. Ainſi, je ne dirois pas exactement vrai, ſi je diſois : » Le Printemps fait éclore l'Ane- » mône ou la Jonquille » : Car à parler exactement, c'eſt comme ſi je diſois : » Si le Printemps fait » éclore l'Anemône, il ne fait » pas éclore la Jonquille ; s'il fait » éclore la Jonquille , il ne fait » pas éclore l'Anemône. » & il fait éclore l'une & l'autre.

EUDOXE. Si je dis : » Dieu ſeul » eſt un eſprit infiniment parfait » : 1. La propoſition en vaut deux, ſçavoir, » Dieu eſt un eſprit infi- » niment parfait, « » Nul eſprit » diſtingué de Dieu, n'eſt un eſ- » prit infiniment parfait ». Elle eſt donc compoſée (1). 2. Elle ex- clut l'eſprit infiniment parfait de tout autre Etre que Dieu : donc elle eſt *excluſive.*

La propoſition excluſive eſt une propoſition compoſée, qui

____

(1) Pag. 112.

L

énonce un attribut d'un sujet avec exclusion, c'est-à-dire, excluant l'attribut de tout autre sujet, comme celle-ci, » Dieu seul est un » esprit infiniment parfait » : Ou bien excluant du sujet d'autres attributs, comme celle-ci : » Les ri- » chesses sont préférables à l'indi- » gence par ce seul endroit, que » les richesses peuvent adoucir les » peines de l'indigence «.

La premiere espéce est vraie, lorsque l'attribut convient au sujet de la proposition sans convenir à d'autres ; elle est fausse, quand l'attribut convient à d'autres sujets. Si je dis : » Dieu seul est un » esprit infiniment parfait, » la proposition est vraie, parce que cet attribut, *esprit infiniment parfait*, convient à Dieu sans convenir à d'autres. Si je dis : » Dieu » seul est un esprit » : la proposition est fausse, parce que cet attri- but, *un esprit*, convient tellement

à Dieu, qu'il convient à d'autres,
aux Anges, par exemple.

La seconde espéce est vraie,
lorsque l'attribut seul convient au
sujet sans que les autres attributs
exclus lui conviennent ; elle est
fausse si d'autres attributs exclus lui
conviennent : De-là si je dis : » Le
» seul bien qui puisse nous rendre
» heureux, c'est le Ciel... » Je-
sus-Christ est mort pour les seuls
élus : la seconde est fausse & la
premiere est vraie.

Une proposition composée sepa-
re-t'elle par la particule, *mais*, deux
choses compatibles dans un mê-
me sujet, mais dont l'une ne lui
convient pas actuellement, tandis que l'autre lui convient ? C'est
une proposition que l'on appelle
discretive.

A**RISTE**. Apparemment, parce
qu'elle fait en quelque sorte le dis-
cernement de ce qui convient au
sujet, & de ce qui ne lui convient pas.   L ij

Eudoxe. Telles font ces propofitions : » Il n'eft pas fage, mais » il eft fçavant ; il n'eft pas fçavant, » mais il eft pieux, &c.

Il s'offre à mon efprit d'autres efpéces de propofitions compofées ; mais qu'il fuffit de pénétrer & de réfoudre comme les premieres, pour en voir le fens & les proprietés.

VII. ENTRETIEN.

SUR LES DIFFE'RENTES ESPE'CES DE PROPOSITIONS COMPARE'ES ENSEMBLE.

EUDOXE. Voulez-vous, Ariste, qu'aprés avoir considéré séparément différentes espéces de propofitions, nous comparions différentes efpéces de propofitions les unes avec les autres pour en découvrir les rapports?

ARISTE. Volontiers : rien de plus naturel. La lumiére répanduë fur les propofitions féparées, répandra du jour fur les propofitions comparées enfemble.

EUDOXE. Dans la comparaifon que je fais des différentes efpéces de propofitions, quelques-unes ont des rapports de convenance dans le fens propre & diftinct qu'elles préfentent à l'efprit, quelques-unes n'en ont pas, fans néanmoins fe détruire ; d'autres ont une oppofition formelle.

Quand je dis : » Tout mortel » peut afpirer à l'immortalité », Je dis : » Quelque mortel peut af- » pirer à l'immortalité ». Si je dis : » Nul hypocrite ne fe dérobe aux » reproches de fa confcience ». Je dis : » Quelque hypocrite ne » fe dérobe point aux reproches » de fa confcience. »

Ainfi, comme un terme particulier eft contenu dans un terme général, une propofition particuliére affirmative eft renfermée dans une propofition générale affirmative, qui a même fujet, même attribut quant au fonds des idées ; une propofition particuliére négative, dans une propofition générale négative.

Dire » le cercle eft autre cho- » fe que le quarré, ou le cercle

» n'eſt pas le quarré », c'eſt dire
la même choſe, pour le fonds,
par deux propoſitions, l'une affirmative, l'autre négative. Par conſéquent telle propoſition affirmative vaut une propoſition négative ; telle propoſition négative
vaut une propoſition affirmative.
On peut employer reciproquement l'un à la place de l'autre.

Faites-vous cette propoſition
copulative ? » L'on ne ſçauroit ai-
» mer le Monde & Dieu tout à la
» fois ». C'eſt comme ſi vous di-
ſiez : *Si l'on aime le Monde, on
n'aime pas Dieu ; ſi l'on aime Dieu,
on n'aime pas le Monde.*

Quand on fait cette propoſition : » Ou le nombre des Etoiles
« eſt un nombre pair, ou le nom-
» bre des Etoiles eſt un nombre
» impair; » C'eſt comme ſi l'on diſoit : » Si le nombre des Etoiles eſt
» pair, il n'eſt pas impair; ſi le nom-
» bre des Etoiles eſt impair, il
» n'eſt point pair. »   L iiij

Lorſque je dis : » Si un eſprit
» curieux eſt conſtamment atten-
» tif, il réüſſit tôt ou tard dans
» les ſciences » ; c'eſt comme ſi
je diſois : » Tout eſprit curieux &
» conſtamment attentif , réüſſit
„ tôt ou tard dans les ſciences ".

Cela ſuppoſé ; la propoſition copulative ou disjonctive vaut telle propoſition conditionnelle ; & la propoſition conditionnelle vaut telle propoſition générale , ſimple ou complexe.

Si nous diſions :

> » Il y a des Sçavans qui ſont incredules ;

> » Il y a des Sçavans qui ne ſont pas incredules :

ARISTE. Nous dirions vrai.

EUDOXE. Mais nous ne parlerions pas des mêmes Sçavans. Donc les deux propoſitions n'auroient pas le même ſujet; donc l'une ne nieroit pas du même ſujet ce que l'autre en affirmeroit :

Donc l'une ne détruiroit point l'autre : ainsi, nulle opposition veritable entre les propositions particuliéres.

Mais quand je dis :

» Tout Médisant est redoutable,

» Quelque Médisant n'est pas redoutable,

j'affirme & je nie du même sujet le même attribut. Une des propositions détruit l'autre. Donc elles sont opposées (1).

De ces propositions opposées,

(1) Les propositions opposées sont celles qui affirment & nient du même sujet le même attribut. Souvent on dit des choses qui paroissent opposées, & qui ne le sont pas dans le fonds. Je dis qu'un Homme célébre par d'excellents écrits ne laisse pas d'être mortel ; vous dites qu'il est immortel. Vous avez raison, & je n'ai pas tort. Il est mortel, puisque son corps séparé de son ame descendra dans le tombeau, comme le corps du plus ignorant des Hommes ; il est immortel, parce que son nom vivra toûjours dans ses écrits. Donc ce terme *immortel* n'exclut point ici ce que dit le terme *mortel* ; & vôtre proposition & la mienne n'ont qu'une apparence d'opposition.

l'une dit précisément ce qu'il faut pour contredire l'autre. Pour contredire cette proposition : » Tout » médisant est redoutable. » Il faut, mais il suffit que quelque médisant en général , ou qu'un médisant, quel qu'il puisse être , ne soit pas redoutable. De-là ces deux propositions,

> » Tout Médisant est redoutable ,
> » Quelque Médisant n'est pas redoutable ,

sont contradictoires.

On appelle propositions contradictoires , deux propositions, dont l'une dit précisément ce qu'il faut pour contredire l'autre.

Si deux propositions de cette espéce, par exemple,

> » Tout Médisant est redoutable ,
> » Quelque Médisant n'est pas redoutable ,

étoient vraies à la fois , tout médisant seroit redoutable , puisque

cette propofition : » tout médifant
» eft redoutable , » feroit vraie ;
tout médifant ne feroit pas redoutable , puifque cette propofition :
» Quelque médifant n'eft pas re-
» doutable , » feroit également
vraie. Si les deux étoient fauffes
à la fois, tout médifant feroit redoutable, puifque cette propofition : » Quelque médifant n'eft
» pas redoutable , » feroit fauffe ;
tout médifant ne feroit pas redoutable , puifque cette propofition :
» Tout médifant eft redoutable ,
» feroit fauffe : donc tout médifant
» feroit & ne feroit pas redouta-
» ble : » Or, la même chofe ne
peut être & n'être pas en même
temps ; ce qui eft , eft. Par conféquent les deux propofitions contradictoires dont il s'agit , ne fçauroient être vraies ou fauffes à la
fois : le même principe doit faire
penfer de même de toutes les propofitions contradictoires. Donc

deux propofitions de cette efpéce ne fçauroient être vraies ou fauffes en même temps.

Si je dis :

> » Tout Homme fenfé écoute les avis d'un Homme fage,
> « Nul Homme fenfé n'écoute les avis d'un Homme fage ;

j'affirme & je nie du même fujet le même attribut. Une propofition nie ce que l'autre affirme. Donc elles font oppofées.

Mais l'une dit plus qu'il ne faut pour contredire l'autre. Pour contredire cette propofition : » Tout » homme fenfé écoute les avis » d'un homme fage » il ne faut pas dire que nul homme fenfé n'écoute les avis d'un homme fage ; il fuffit de dire, qu'un homme fenfé en général ne les écoute pas.

Les propofitions de cette efpéce font des propofitions contraires. On appelle propofitions contraires, des propofitions dont 'u-

ne dit plus qu'il ne faut pour contredire l'autre. De-là ces propositions :

>> Tout Homme sage profite & de ses
>> fautes & des fautes d'autrui , pour
>> les éviter dans la suite.
>> Il y a des Hommes sages qui ne pro-
,, fitent ni de leurs fautes, ni de cel-
,, les d'autrui, pour les éviter dans
,, la suite.

ou celles-ci ,

>> Nul Homme n'a le goût des Scien-
ces ,
>> Eugene a le goût des Sciences.

Ces propositions, dis-je, sont
des propositions contraires. Car
enfin , pour contredire cette proposition : >> Tout homme sage pro-
>> fite & de ses fautes, & des fau-
>> tes d'autrui,>> &c, il n'est pas né-
cessaire de dire , que quelques
hommes sages ne profitent ni de
leurs fautes, ni de celles d'autrui;
il suffit de dire , que quelque
homme sage, ou qu'un seul hom-

me fage en général, ne profite ni de ſes fautes, ni de celles d'autrui, &c. Pour contredire cette propoſition : » Nul homme n'a » le goût des Sciences. » Il n'eſt pas néceſſaire de dire qu'Eugene en particulier a le goût des Sciences ; il ſuffit de dire que quelque homme, ou qu'un homme en général a le goût des Sciences.

Deux propoſitions contraires, non plus que deux propoſitions contradictoires, ne ſçauroient être vraies en même temps. Si ces deux propoſitions contraires :

> » Tous les Hommes ſont raiſonnables,
> » Quelques Hommes ne ſont pas raiſonnables.

étoient vraies ; ces deux propoſitions contradictoires,

> » Tous les Hommes ſont raiſonnables,
> » Quelque Homme n'eſt pas raiſonnable,

feroient vraies : car qui dit :

« Quelques Hommes ne font pas
» raifonnables, » dit : » Quelque
» Homme n'eft pas raifonnable. »
Or, deux propofitions contradictoires ne fçauroient fe trouver
vraies à la fois (1).

Mais fi je dis :

> » Tout Homme eft jufte,
> » Nul Homme n'eft jufte,

chacune de ces deux propofitions
contraires énonce la chofe autrement qu'elle n'eft : Donc deux
propofitions contraires peuvent
être fauffes en même temps.

ARISTE. Mais ces deux propofitions contraires,

> » Tous les Hommes font raifonnables;
> » Il y a des Hommes qui ne font pas
> raifonnables,

donneroient de vôtre aveu, deux
propofitionscontradictoiresvraies:
pourquoi ces deux propofitions
contraires,

(1) Pag. 131.

» Tout Homme eſt juſte ;
» Nul Homme n'eſt juſte,

ne donnent-elles pas deux contradictoires fauſſes ?

EUDOXE. Si ces deux propoſitions contraires,

» Tous les Hommes ſont raiſonnables,
» Il y a des Hommes qui ne ſont pas
raiſonnables,

étoient vraies ; la verité de la ſeconde emporteroit la vérité de
celle-ci, » Quelque Homme n'eſt
» pas raiſonnable, » car s'il y a
des Hommes qui ne ſoient pas
raiſonnables , quelque Homme
n'eſt pas raiſonnable. De-là ces
deux propoſitions contradictoires,

» Tous les Hommes ſont raiſonnables ,
» Quelque Homme n'eſt pas raiſonnable ,

feroient vraies.

Mais quoique ces deux propoſitions contraires ,

» Tout

” Tout Homme eſt juſte,

” Nul Homme n'eſt juſte,

ſoient fauſſes, puiſqu'il y a des Hommes juſtes, & que tous ne le ſont pas ; la fauſſeté de la ſeconde n'emporte pas la fauſſeté de cette propoſition particuliere :

” Quelque Homme n'eſt pas juſ-

” te ; ” car quoiqu'il ſoit faux que nul Homme ne ſoit juſte, il n'eſt pas faux que quelque Homme ou qu'un Homme en général ne ſoit pas juſte. Ainſi ces deux propoſitions contradictoires,

” Tout Homme eſt juſte,

” Quelque Homme n'eſt pas juſte ;

ne ſont pas fauſſes.

ARISTE. Mais cette propoſition particuliere, « quelque ” homme n'eſt pas juſte ” eſt contenuë dans cette propoſition générale « nul homme n'eſt juſte ” comme cette propoſition particuliere « quelque homme n'eſt

» pas raifonnable » eft renfermée
dans cette propofition » il y a des
» hommes qui ne font pas raifon-
» nables. » . . .

EUDOXE. L'une & l'autre propofition particuliere eft également contenuë ou renfermée
quant au fens qu'elle offre à l'efprit, non quant à la vérité & à
la fauffeté. Qui dit « il y a des hom-
» mes qui ne font pas raifonna-
» bles » dit « quelque homme
» n'eft pas raifonnable. » Qui dit
» nul homme n'eft jufte » dit
» quelque homme n'eft pas jufte » :
mais il ne peut être vrai de dire,
» nul homme n'eft raifonnable, »
fans qu'il foit vrai de dire, « quel-
» que homme n'eft pas raifonna-
» ble ; & il eft faux de dire, « nul
« homme n'eft jufte, » fans qu'il
foit faux de dire, » quelque hom-
» me n'eft pas jufte, ou il y a
» quelque homme qui n'eft pas
» jufte. » Si je dis vrai quand j'ex-

clus de tous les hommes la raison, ou que je refuse la raison à
tous les hommes, je dis vrai
quand je l'exclus de quelque
homme, ou que je la refuse à
quelque homme. Refuser à tous,
c'est refuser à quelqu'un. Mais si
je dis faux, quand j'exclus de
tous les hommes la justice, ou
que je la leur refuse à tous, je ne
dis pas faux pour cela quand je
l'exclus de quelque homme, ou
que je la refuse à quelque homme
en général. Il y a quelque homme injuste, quoique tous les
hommes ne le soient pas.

ARISTE. Ainsi, la fausseté
d'une proposition contradictoire,
annonce la vérité de l'autre ; mais
la fausseté d'une proposition contraire ne répond pas de la vérité
de l'autre.

EUDOXE. Enfin, soit dans les
propositions prises séparément,
soit dans les propositions com-

parées, quelquefois je déclare ce
que j'entens par un mot, comme
lorſque je dis : j'entens par ce
mot, *Ciel*, cet eſpace immenſe
où nous voyons briller la Lune,
le Soleil, & les Etoiles : & c'eſt
une définition de mot. On appelle définition de mot un aſſemblage de mots, par où l'on fixe la
ſignification d'un mot, par où
l'on détermine ce qu'on prétend
ſignifier par un mot.

Quelquefois j'explique la nature d'une choſe, c'eſt-à-dire, ce
qu'il y a de plus important, ou
de principal dans une choſe ; ce
qu'il faut, mais ce qu'il ſuffit de
connoître pour diſcerner le fonds
d'une choſe ; comme lorſque je
dis : » Dieu eſt un eſprit infini-
» ment parfait, » ou que je dis ;
un cercle eſt une figure qui a de
tous les côtés imaginables ſes parties également éloignées d'un
point qui ſe trouve au milieu de

la figure, & c'eſt une définition de choſe. On appelle définition de choſe, un aſſemblage de termes, lequel explique la nature d'une choſe.

La définition de mot eſt arbitraire. Elle dépend de moi. Je puis donner à un mot la ſignification qu'il me plaît de lui donner, pourvû que j'en avertiſſe. Si j'en avertis, on ne s'y trompera point ; on ſçaura ce que je veux dire , & la verité n'y ſera point intéreſſée. Je puis dire : » J'entens par le Ciel, la poſſeſ- » ſion de Dieu même, ſans que l'on s'y trompe.

Mais la définition de choſe n'eſt pas arbitraire. Elle ne dépend pas de moi. Je puis définir ou non : mais ſuppoſé que je définiſſe une choſe exprimée par un mot, il faut expliquer la nature de la choſe même. Or, une choſe n'a qu'une nature : ſi je lui

en donne une autre, je n'explique
point, je ne développe point,
je ne fais point connoître la chofe
en queftion; je fuis dans l'erreur
& j'y entraîne après moi.

On peut changer la fignification des mots. On ne peut changer la nature des chofes.

Le mot que je définis, peut
avoir divers fens. Si j'affigne les
fens divers d'un mot, je le divife en quelque forte; & c'eft
une divifion de mot ou de nom. Si
je dis : » ce mot, ce nom, *Ciel*, fi-
» gnifie quelquefois l'efpace im-
» menfe où les Aftres roulent fur
» nos têtes, quelquefois la pof-
» feffion de Dieu même. » C'eft
une divifion de nom ou de mot.

Si je dis : » il y a des animaux
» raifonnables, il y en a qui n'ont
» point la raifon en partage, » je
divife les animaux mêmes en différentes efpéces; c'eft une divifion de chofe. Si je fais l'énumé-

ration des différentes parties , des différentes Provinces que la France renferme , de la Picardie , de la Normandie , de la Bretagne , &c. C'est encore une division de chose. Cette espéce de division est une énumeration des parties dont une chose est composée , ou des sujets auxquels elle convient (1).

Et c'en est assez sans doute , Ariste pour discerner le caractere des jugemens divers & des diverses propositions.

ARISTE. Mais il me manque des regles pour porter des jugemens vrais , & prévenir les jugemens faux, énoncés par les propositions.

EUDOXE. Ces regles viendront s'offrir comme d'elles-mêmes au premier jour.

_____

(1) Les objets de nos recherches sont composés ; ils ont divers côtés , que nous ne sçaurions voir d'un coup d'œil. Il faut les partager , pour en considerer les parties les unes après les autres : de-là les divisions de mots & de choses.

VIII. ENTRETIEN.

SUR LES REGLES DES JUGEMENS.

ARISTE. Je comprens affez que les regles qui font de quelque ufage pour appercevoir, peuvent fervir à juger : mais, Eudoxe, il s'agit de trouver des regles particulieres pour juger.

EUDOXE. Cherchons-en fur la route que nous avons tracée. Quand je porte un jugement, quelquefois je définis, comme lorfque je dis : » Dieu eft un ef- » prit infiniment parfait ; » quel- quefois je divife, comme lorfque je dis : » parmi les êtres impar- » faits, il y en a qui ont la con- » noiffance en partage, d'autres » qui ne l'ont pas. » Souvent je ne définis, ni ne divife, deci- dant fur quelque proprieté, fur

quelque

quelque circonftance, fur une qualité d'une chofe ; comme lorf-que je dis : » l'homme eft fujet à » l'erreur ... Arifte a le goût du vrai. »

Qu'arrive-t'il quand je définis une chofe, ou un mot? Quand je définis une chofe, l'homme, par exemple, & que je dis » l'hom-» me eft un animal raifonnable ; » j'explique, je développe la na-ture de la chofe, je la caractérife parce qu'elle a de principal ou de plus intime, de plus capable d'en donner une idée jufte. Pour la caractérifer de la forte, je la fais connoître, parce qu'elle a de commun, mais de moins com-mun, & parce qu'elle a de par-ticulier ou de propre. Le terme qui exprime ce qu'elle a de com-mun fe nomme *genre*, ainfi que l'idée ; & le terme qui exprime ce qu'elle a de particulier, s'ap-pelle *différence*. (1)

(1) 2. Entret. pag. 57.

N

De-là, 1°. Pour définir une chose, il faut la pénétrer, l'approfondir, voir ses premiers attributs, ce qu'elle a de principal ou de plus intime.

2°. La définition renferme le genre & la différence de la chose définie.

3°. Si le genre étoit un terme trop commun, trop vague, trop étendu, il transporteroit l'esprit trop loin de la chose, qu'il s'agit de définir. Si je dis : » l'homme » est un être raisonnable » ce terme, ce genre, *être*, est trop vague, trop général ; il confond l'homme avec tant de choses que l'esprit ne l'y démêle pas bien. Le terme *animal*, est un genre qui, parce qu'il est moins vague, ou moins commun, débarasse pour ainsi dire, l'homme de la foule, & l'approche davantage de l'esprit qui essaye de le connoître.

La définition veut donc, tout le reste égal, le genre le moins commun, ou le moins général, le plus propre à caractériser d'abord un objet.

4°. Si la définition s'étendoit à deux choses différentes, qu'arriveroit-il? Les deux choses différentes feroient confonduës fous la même définition. La même natures, la même essence exprimée par la définition conviendroit à des choses de différentes natures. La même chose feroit différente d'elle-même. Dailleurs, si je donne pour définition d'une chose ce qui convient à une autre, je ne caractérife rien. Si je dis, « l'homme eft un animal mortel, » je ne caractérife point l'homme, parce que je ne dis rien qui ne convienne à toutes les espéces d'animaux, à la bête auffi-bien qu'à l'homme.

Ainfi, la définition doit convenir précifément à la chofe que l'on prétend définir.

5°. Je ne définis que pour répandre du jour fur la chofe définie.

Par conféquent, il faut que la définition foit claire.

6°. Si ma définition contient des termes inutiles, ces termes ne feront que partager l'attention de l'efprit & diminuer la lumiére.

Il faut donc que la définition foit courte, c'eft-à-dire, qu'elle ne dife rien de fuperflu.

L'on eft court quand on ne dit que ce qui eft néceffaire pour être entendu : mais comme la nature des chofes qu'on définit doit fe graver dans l'efprit, il convient de l'exprimer, autant que la clarté le permet, en peu de mots.

7°. Enfin, fi je fuis trop concis, je ne me ferai point entendre.

A R I S T E. » *Brevis effe laboro obfcurus fio.* (1). »

(1) Hor.

EUDOXE. Souvent les mots ne font pas plus clairs que la nature des chofes qu'ils expriment ; ils font équivoques, ambigus, comme ceux-ci, *mouvement, Ciel, beaux jours,* &c. ce mot, *mouvement* fignifie tantôt le paffage d'un endroit dans un autre, tantôt un penchant du cœur. Ce mot *Ciel* fignifie tantôt l'efpace fluide où brillent les Aftres, tantôt la poffeffion de Dieu (1). Ces mots, *beaux jours,* fignifient tantôt des jours heureux, tantôt des jours où l'air eft pur & degagé de nuages. Mais quand on dit, » j'en-
» tens par ce mot, *mouvement,* un
» certain penchant du cœur; par
» ce terme, *Ciel,* la poffeffion de
» Dieu; par ces mots, *beaux jours,*
» des jours heureux, paffés agréablement, l'équivoque & l'obfcurité difparoiffent.

Il feroit donc à propos de dé-

( ) 8. Entret. pag. 142.

finir fouvent les mots , & d'en fixer le fens. Par là, les difputes des fçavans feroient abregées de moitié du moins.

On eft en droit de donner à un mot un fens déterminé, pourvû que l'on avertiffe qu'on le lui donne, ce fens.

ARISTE. Mais ne feroit-ce pas un abus , que de donner à ce mot, fans neceffité , une autre fignification que celle que l'ufage lui donne ?

EUDOXE. Oüi ; les mots ordinaires , pris dans la fignification ordinaire & rangés fuivant l'ufage , rappellent plus vîte les idées & avec moins d'embarras.

Les mots nouveaux , & les mots anciens, mais pris dans une fignification nouvelle , ou rangés d'une façon extraordinaire , donnent toujours quelque peine , & fignifient toujours dans l'efprit de ceux qui nous écoutent , autre

thofe, plus ou moins, que dans
le nôtre : de là, l'erreur.

Il eſt donc à propos de ſuivre
l'uſage, autant qu'il ſe peut, lorſqu'on fixe le ſens d'un mot.

Et après avoir fixé le ſens d'un
mot, ſi je le prens dans un autre ſignification, & que je n'en
avertiſſe pas, on la prendra dans
le premier ſens, tandis que je
le prendrai dans le ſecond; &
l'on ne m'entendra point.

ARISTE. C'eſt à-dire, qu'après
avoir fixé le ſens d'un mot, il faut
s'en tenir à ce ſens.

EUDOXE. Ou, du moins, aver-
tir que l'on ne s'y tient pas.

Voyons maintenant ſi la diviſion ne ſera pas ſuſceptible de
regles, comme la définition.

Un mot eſt équivoque ; il a
deux ſens ; je ne puis lui donner
une ſignification qui exprime les
deux ſens. Que faire ? je commence par diviſer le mot, c'eſt-

à-dire, par affigner les fens divers qu'il a. Enfuite, je définis les parties de la divifion. L'on me demande ce que c'eft que Bafilic : le terme eft ambigu. Je le divife d'abord en difant, » Ba-
» filic fignifie tantôt ferpent , » tantôt herbe odoriferante. » Puis, je définis ce ferpent, cette herbe ; & l'obfcurité de l'équivoque fe diffipe.

Ainfi quand un terme eft équivoque, il faut commencer par le divifer pour définir les différentes parties de la divifion.

Faifons ufage de cette regle dans la difcuffion d'un mot dont il eft important de fçavoir les fignifications diverfes. Ce mot, *caufe*, eft très équivoque & très ordinaire. Il fignifie tantôt la matiere, tantôt la forme, l'occafion, le modele, le principe ou la fin, &c. d'un effet, c'eft-à-dire, d'un être nouveau, ou d'une nouvelle maniere d'être.

On me demande, qu'eſt-ce que
cauſe ? je commence par diviſer,
& je dis... Mais vos oreilles ſou-
tiendront-elles mes expreſſions ?

ARISTE. Faites-en l'eſſai.

EUDOXE. Je dis donc : dans
le langage des Sçavans, il y a cauſe materielle, cauſe formelle, cauſe occaſionnelle, exemplaire, morale, phyſique, efficiente, premiere, ſeconde ; générale, particuliére, immediate, mediate,
principale, ſubordonnée, totale,
partiale, finale. Voilà la diviſion ;
armez-vous de patience pour les
définitions.

ARISTE. Vous me les faites
trop attendre ; les termes qui me
les font entrevoir, me donnent
envie de les voir dans un plus
grand jour.

EUDOXE. On appelle donc
cauſe materielle, la matiere de
l'effet, ou la choſe dont ſe forme
l'effet, comme les pierres d'un
édifice.

Cauſe formelle, la forme, la tiſſure, ou la maniere d'être que prend la matiere pour donner l'effet, comme l'arrangement des pierres pour l'édifice.

Cauſe occaſionnelle, ce qui eſt l'occaſion d'une choſe ſans agir dans elle, ou ſur elle, comme notre corps, par rapport à la création de l'ame.

Cauſe exemplaire, le modele ſur quoi on fait une choſe, comme un Tableau ſur lequel on en fait un autre.

Cauſe morale, ce qui produit l'effet dans l'eſtime ordinaire des hommes, ſans le produire dans le fonds, comme celui qui conſeille preciſément le crime.

Cauſe phyſique, celle qui donne réellement naiſſance à un effet.

Cauſe efficiente, ce qui produit une ſubſtance nouvelle ou une nouvelle maniere d'être, par

une efficace propre, par une action propre, comme la volonté
de Dieu qui tira du néant l'Univers, ou notre volonté qui fait
naître, en se modifiant, l'amour
ou la haine (1).

Cause premiere, celle qui trouve son efficace dans son essence,
dans sa nature, sans dépendre
d'aucune autre cause ; prérogative qui n'appartient qu'à Dieu.

Cause seconde, qui tient son
efficace de la cause premiere.

Cause générale, celle dont l'influence se repand sur tous les effets, comme la cause premiere.

Cause particuliere, celle dont
l'activité ne s'étend qu'à quelques
effets, comme celle de l'Homme.

Cause immediate ou prochai-

(1) La cause efficiente mérite, sur tout,
le nom de cause par son efficace & son action propre, qui produit un changement
réel, un nouvel être, un effet.

ne, celle qui s'applique immediatement fur le fujet où l'effet fe
produit, & qui atteint l'effet même, comme la main du Maçon
qui arrange les pierres dans la
conftruction de l'édifice.

Caufe mediate ou éloignée,
celle qui n'atteint pas l'effet, ou
qui ne s'applique pas immediatement fur l'effet même; mais qui
par le moyen de la caufe immediate fait paffer fon influence fur
l'effet, comme l'Architecte, qui
éleve un édifice par les mains du
Maçon.

Caufe principale, celle dont
l'action donne le branle aux autres.

Caufe inftrumentale, celle qui
n'ayant aucune activité en elle-
même, n'agit qu'à proportion
qu'une caufe principale lui donne
le mouvement; telle eft la plume,
qui ne forme les caractéres qu'à
mefure que la main la meut & la
dirige.

Caufe fubordonnée , celle qui reçoit fon efficace d'une autre , ou dont la difpofition pour agir eft mife en jeu par une autre; ainfi l'éguille d'une Montre reçoit fon mouvement des rouës.

Caufe totale , qui influë dans tout l'effet, comme Dieu qui créa tout l'Univers, ou comme la main qui trace les caractéres d'un écrit.

Caufe partiale, qui ne produit qu'une partie de l'effet , comme le Charpentier qui ne fait que la charpente de l'édifice.

Caufe finale, la fin, le but, ou le motif qui nous détermine à agir; tel eft le bonheur à venir qui nous engage à bien vivre.

Voilà bien des définitions pour déveloper les fens divers d'un mot !

ARISTE. Définitions qui n'ont fait que mettre dans un plus grand jour ce que j'avois apperçu dans la divifion.

EUDOXE. Nous divifons une chofe pour la mettre dans le plus grand jour qu'il fe peut, par l'énumeration & par le dévelopement des parties qui la compofent. Mais fi dans la divifion j'omets quelque partie de la chofe divifée, je ne la mets pas dans tout fon jour ; fi divifant la Terre, je dis : » La Terre contient trois » parties, l'Afie, l'Afrique & l'Eu- » rope , fans parler de l'Ameri- » que , » je ne donne point une connoiffance jufte de la Terre. On ne voit le tout que dans l'affemblage de toutes fes parties.

Ainfi les parties de la divifion doivent, prifes enfemble, égaler la chofe divifée.

Comme le tout qu'on divife, a fes parties principales , chaque partie principale en a de plus petites. Comme la France contient la Picardie , la Normandie, la Bretagne , &c; la Picardie ren-

ferme Amiens, Abbeville, Peronne, &c; la Normandie, Rouën,
Caen, le Havre-de-Grace , &c;
la Bretagne, Rennes, Vannes,
Breft, &c. En divifant, fi je vais
comme par degrés, fans rien ome-
tre, du tout aux parties principales ; des parties principales , aux
parties qu'elles contiennent , à
proportion que celles-là font plus
étenduës que celles-ci ; fi je dis :
» La France renferme la Picar-
» die, la Normandie , la Breta-
» gne , &c; la Picardie , Amiens ,
» Abbeville, Peronne ; la Nor-
» mandie , Rouën, Caen , le Ha-
» vre-de-Grace ; la Bretagne,
» Rennes, Vannes, Breft , &c. »
Je develope un objet fans embarras, fans rien laiffer à defirer ; une
connoiffance en facilite une autre ; l'efprit s'inftruit fans peine ;
il eft fatisfait.

Ainfi, la divifion demande que
l'on aille comme par degrés, c'eft-

à-dire, par d'autres divisions, qu'on appelle subdivisions (1), du tout divisible aux parties principales, des parties principales à celles qui ont moins d'étenduë, & à mesure qu'elles ont moins d'étenduë.

Enfin, que nos jugemens soient définitions, divisions ou non; il s'agit de trouver des regles générales pour tous.

Faute d'attention, ou de mémoire, ou par précipitation, l'on dit plus qu'on ne voit : de-là, la plûpart de nos jugemens faux (2).

L'attention previendroit donc

(1) Des divisions & des subdivisions trop nombreuses reduisent en sujet en tant de parties, que l'esprit accablé sous la multitude ne peut les discerner.

Alors, l'excès repand les ténebres au lieu de porter la lumiere. Un Orateur divise-t'il son discours en deux points, qu'il partage encore en deux, ou trois au plus chacun? On conçoit, on suit, on retient ce qu'il dit. Tandis qu'un autre, à force de diviser ou de subdiviser, ne fait, pour ainsi dire, que jetter de la poussiere aux yeux.

(2) 5. Entret. pag. 90.

l'erreur,

l'erreur : & l'on ne traiteroit pas d'Homme généreux ou liberal un prodigue, lequel répand l'argent avec profusion dès qu'il s'agit de ſes plaiſirs, tandis qu'il laiſſe les malheureux dans l'indigence.

Ainſi, pour decider, un eſprit attentif commencera par ſe former des idées nettes & preciſes ; il examinera chaque idée ſéparément ; il diſcernera les idées partiales ou les attributs de l'une, puis les idées partiales ou les attributs de l'autre ; il les écrira, s'il le faut, de peur qu'ils n'échapent : en les comparant, il verra ſi chaque attribut de l'une ſe trouve, ou non, parmi les attributs de l'autre ; & ſon attention ſera payée par une vuë exacte & diſtincte du rapport des idées.

ARISTE. J'ai toujours quelque peine à concevoir comment, faute d'attention, nous ne voyons pas tous les rapports des idées dans les idées mêmes.
O

Eudoxe. C'eſt que bien des rapports ne ſont devoilés à l'eſprit que par des idées partiales, que l'attention ſeule fait éclore en quelque façon des idées totales. Telles idées qui ne repréſentoient point à l'eſptit un certain rapport, le lui repréſentent, lorſque l'attention les modifie.

Voici deux Verres à facettes ; ils s'offrent à propos. Y remarquez-vous quelque différence ?

Ariste. Nulle.

Eudoxe. Cependant l'un a dix faces ; l'autre n'en a que neuf. Vous avez une perception qui vous repréſente les dix facettes de l'un, & une perception qui vous repréſente les neux facettes de l'autre, ſans en voir la différence. Un peu plus d'attention ; comptez les facettes : vous appercevrez la différence que vous n'obſerviez pas d'abord dans vos perceptions qui ne laiſſoient pas d'être préſentes à votre eſprit.

ARISTE. C'eſt-à-dire, que l'attention eſt une des cauſes principales des jugemens vrais ; & l'inattention ou la précipitation, une des cauſes principales des jugemens faux (1).

EUDOXE. Voulez-vous, Ariſte, que nous allions au premier jour juſqu'à la ſource même de l'inattention ou de la précipitation ?

ARISTE. Volontiers.

(1) Un jugement eſt opinion, lors qu'avec attention l'on juge ſur une raiſon foible, mais vrai-ſemblable & ſuffiſante. C'eſt un jugement témeraire, quand, faute d'attention, l'on juge ſur une raiſon inſuffiſante.

IX. ENTRETIEN.

Sur les sources des faux jugemens.

ARISTE. Il s'agit donc, Eudoxe, d'aller jufques aux fources les plus reculées de nos jugemens faux.

EUDOXE. Ces fources ne font pas bien éloignées de nous. Cherchons-les dans nous-mêmes & dans ce qui nous environne. Nous les trouverons, fi je ne me trompe, dans l'impatience, dans la pareffe, dans le tempérament, dans la vanité, dans la légéreté, dans les préjugés, dans la coutume, dans les Sens, dans la haine & dans l'amour, dans les paffions, ou dans ce qui les touche.

1. Dans l'impatience: pour juger fainement, il faudroit difcer-

ner les rapports des idées partiales, qui compofent les idées totales ; & il n'eft pas aifé de les difcerner, ces rapports. Les idées
font envelopées les unes dans les
autres, il en coute pour les déveloper & pour en faire la diffec-
tion. Ce font de petits êtres, des
êtres fi déliés, fi minces, qu'ils
donnent à peine quelque prife à
l'efprit.

Quoiqu'ils foient dans l'efprit,
ils font prefqu'imperceptibles à
l'efprit même ; on croit les faifir,
& ils échappent. Il faudroit de la
patience pour s'arrêter fur le même objet, le confiderer par toutes fes faces, & le manier par
tous fes cotés ; & nous fommes
impatients. L'efprit bien-tôt las
d'une recherche où le plaifir ne
le foutient point, ne s'occupe enfin que de quelques idées dont il
voit fans peine le rapport ; il perd
le fouvenir des autres ; il prend

l'affemblage de quelques idées
partiales pour les idées totales; il
imagine, il fuppofe une parfaite
reffemblance entre les chofes qui
fe reffemblent par quelques endroits : là-deffus, il décide, il dit
plus qu'il ne voit ; & le voilà dans
l'erreur. Un homme vicieux envifage fa conduite par quelque
endroit excufable ; & c'en eft affez ; il fe fait grace , & continuë
tranquillement d'être le même.

2. Dans la pareffe : la pareffe
qui fuit le travail , n'eft attentif
qu'à ce qui peut le diminuer.
Pour éviter la peine , elle fuppofe , elle fonde des reffemblances
ou des différences parfaites fur
quelques traits differents ou femblables. Lente à tout le refte ,
elle eft trop prompte à juger. De-
là , fermant les yeux fur l'utilité
des fciences, elle les regarde comme affez inutiles ; & les découvertes dont on ne lui rend pas d'a-

bord l'intelligence palpable, ne font, à l'entendre, que des chimeres. Elle a plûtôt ait de mepriser que d'étudier ; elle meprise & s'en tient là. Un objet nouveau peut la piquer par la grace & l'attrait de la nouveauté : mais c'est une fleur qui passe vite, & l'attention qui n'est plus soutenuë, cesse ou se porte ailleurs.

3. Dans le tempérament : le tempérament fait envisager les choses precisément du côté qui le favorise. Un caractere doux veut que l'on pardonne tout ; une humeur austere & chagrine veut qu'on ne pardonne rien.

4. Dans la vanité & dans la présomption : un homme vain & présomptueux, très convaincu de la subtilité de son esprit, se flate sans façon d'avoir vû d'un coup d'œil tous les rapports de deux idées ; il ne s'avise pas de douter que deux objets aient rien de caché pour

lui. Suspendre son jugement, ce
seroit faire tort à sa pénétration,
ce seroit convenir de quelque len-
teur : sans examen ou sur un léger
examen, il tranche, il prononce ;
& il s'applaudit dans les égaremens où la présomption l'a jetté.
Le desir de passer pour avoir tout
parcouru, tout étudié, tout appris, fait tout effleurer sans rien
approfondir. Aussi, vous voyez
des Sçavans même, qui malgré
le grand nombre de faits dont ils
ont la mémoire remplie, ne laissent pas de juger assez mal, ou
qui se frayant des routes nouvelles, ne font que se precipiter plûtôt dans l'erreur.

5. Dans la légéreté de l'esprit.
La légéreté de l'esprit fait que se
laissant aller à toutes les idées que
les Sens lui presentent, comme
l'Abeille qui va de fleurs en fleurs,
il voltige sans cesse d'objets en objets, d'idées en idées, jugeant au
hazard

hazard fur les premiéres apparences ; & pour être trop curieux de
fçavoir, il ne fçait rien.

6. Dans les Préjugés ou dans la
prévention. Lorfqu'il s'agit de décider fur le rapport de deux termes, qui paroiffent conformes à
d'autres, fur le rapport defquels
nous avons déja prononcé, nous
ne déliberons, nour n'examinons
guéres; & l'on fe trompe comme
l'on s'étoit déja trompé. Nous
nous égarons de nouveau de peur
qu'il ne femble que nous nous
foyons égarés auparavant. Un
homme s'eft-il préfenté de mauvaife grace une fois ? C'en eft affez pour ne le trouver bon à rien
dans la fuite. Sur une premiere
vûë, l'on s'en eft fait une idée,
dont l'on ne revient pas aifément.
On ne goute rien de ce qui peut
venir de lui.

On fçait les effets des préjugés
d'Ordres & de Nations. Souvent

ils ne laiſſent voir , ce ſemble , que
ce qui peut appuyer une opinion
chérie. Et vous voyez des milliers d'hommes éclairés vivre &
mourir dans des ſentimens oppoſés & ſur des matiéres indifféren-
tes , & ſur les points les plus im-
portants.

7. Dans la Coûtume , où le
préjugé ſe retrouve. Quand l'eſprit eſt fait depuis long-temps &
plié, pour ainſi dire, à des idées ,
à des opinions , à des uſages re-
çus & ordinaires , il ſe fait & ſe
plie difficilement à d'autres. Dailleurs, on ne veut point avoir été
dans l'erreur , & il en couteroit
trop pour changer. On cherche
dans la prévention commune des
raiſons d'y demeurer. De-là, l'on
continuë de préférer le génie , les
maximes, le goût , les maniéres
de ſon pays, aux maniéres , au
goût , aux maximes , au génie des
autres Nations. On refuſe d'écou-

ter les raisons qui pourroient nous détromper, & l'on s'endort tranquillement dans les erreurs de la coûtume.

8. Dans la Nouveauté. L'on veut être heureux. Mais parce qu'on ne rencontre point dans les biens ordinaires la felicité qu'on défire, on faisit la nouveauté, comme si l'on y devoit trouver le bonheur qui nous touche; & attirant fur elle toute l'attention de l'efprit féduit, elle fait décider témerairement en fa faveur.

9. Dans les Sens & l'Imagination. Les impreffions fortes venant à frapper les fens & l'imagination, fixent l'efprit fur ce qui la flatte. L'imagination foumife foumet l'efprit, qui fe rend & décide fans examen. Auffi, dès qu'un homme parle, écrit, peint d'une maniere agréable, vive, touchante; on le croit, & l'on aime à s'égarer fur fes pas.

10. Dans l'Amour. L'Amour voit-il quelques rapports de conformité dans des idées qui lui plaisent? Il n'envisage guéres que ces rapports, il ne considere guéres les idées que par ces endroits. Il ne veut appercevoir dans son objet que les traits qui lui donnent quelque prix (1).

Il se met peu en peine d'examiner les idées partiales qui pourroient l'offenser. Si quelques idées de ce caractere viennent s'offrir, il ferme les yeux à la lumiére; & craignant de pénétrer trop avant, & de voir trop clair, il se hâte de prononcer sur les idées totales. Il

(1) Un portrait a peu de ressemblance avec l'original ; mais le portrait nous plaît par la finesse de la peinture , par l'éclat des couleurs, & par l'assortiment des traits; & l'original est une personne de nos amis. Nous serions ravis que l'original & le portrait se ressemblassent parfaitement; c'en est assez : l'inclination fixe notre attention sur les traitsde ressemblance , sans la porter sur les autres.

décide au péril de juger mal : Auffi porte-t'il fouvent des jugemens faux , mais toûjours en fa faveur. Ceux que l'on aime ont du mérite à proportion qu'on les aime (1). Il fuffit que l'amour apperçoive un bon endroit dans un homme *?* C'eft un excellent fujet ; il a toutes les qualités qu'on lui fouhaite.

11. Dans la Haine. La haine imite l'amour en ce point. On hait un objet parce qu'il mortifie ;

(1) L'Amour propre eft une fource de préventions trompeufes. Pourquoi préfére-t'on d'ordinaire la Science que l'on cultive à toutes les autres ? C'eft un jeu de l'Amour propre. Il eft doux de penfer que l'objet de nos foins & de nos recherches les mérite le plus.

Cette penfée nous eft un gage de nôtre difcernement. L'on envifage une Science de choix par fes beaux endroits , tandis qu'on ne confidére les autres Sciences que par leurs endroits foibles. Là-deffus on décide, & l'on s'applaudit dans fon goût ; & pour peu qu'on foit applaudi dans fon goût, on le croit infaillible , ou du moins le meilleur.

& parce qu'il mortifie on en détourne son attention ; ou si l'on s'applique à le considérer, c'est par ses endroits foibles précisément, pour avoir quelque pretexte de le mépriser & de le condamner. On ouvre les yeux sur ce qu'il a de mauvais, on les ferme sur ce qu'il a de bon ; & l'esprit séduit par la haine juge de l'objet total sur quelques foibles qu'il peut avoir. Ceux que l'on hait ont des défauts à proportion qu'on les hait. Il suffit que la haine apperçoive un foible dans un homme, c'est un sujet détestable.

12. Dans les Passions. Les Passions attachent l'esprit sur un objet, mais du côté seulement qui les favorise. Tandis qu'elles dominent, si le fond de l'objet se dévoile, cette lueur ne dure guéres. A peine l'entrevoit-on qu'on la perd de vûë, & la témérité n'apperçoit plus que des avanta-

ges où la crainte ne découvre que des inconveniens.

13. Dans les biens extérieurs, dans les Richeffes, dans la Nobleffe, dans l'Eclat. Ces avantages qui nous ébloüiffent & raviffent nos fens, charment le cœur. Le cœur charmé fixe l'efprit fur des dehors féduifants, & l'efprit qui s'arrête à la furface des chofes, fe laiffe furprendre.

Ainfi l'impatience, la pareffe, le tempérament, la préfomption, la légerté, la prévention, la coûtume, les fens & l'imagination, l'amour, la haine, les paffions, les apparences faifant fuppofer, fans un examen convenable, les chofes telles qu'on voudroit qu'elles fuffent, précipitent nos jugemens, & nous jettent dans l'erreur. Ce font des guides toûjours fufpects. On en eft le joüet dès qu'on fe livre à leur direction; fans ceffe on va & l'on revient;

P iiij

& paffant du dégoût à l'admiration & de l'admiration au dégoût, on flote dans des incerti-
tudes ou dans des égaremens
continuels. Il s'agit donc d'être
en garde contre les pieges qu'on
peut nous tendre de tant de côtés.

Ariste. Hé, quel eft le re-
mede à tant de maux, quel pré-
fervatif contre tant de fources
d'erreurs ?

Eudoxe. Un zele fincere pour
la vérité. Quand on eft plein de
ce zele, on examine ce qui fol-
licite à juger.

Eft-ce l'impatience ou la pareffe ? on confidere le prix de la
vérité. Cette vûë modére l'impatience, & anime la pareffe.

Eft-ce le tempérament ou l'humeur ? On demande fi un penchant aveugle, fi ce qui conduit
à tant de folies, doit guider
l'homme.

Eft-ce la vanité ? On lui oppoſe la honte qui accompagne l'erreur d'un jugement précipité.

Eſt-ce la légereté? L'on ſonge que c'eſt ſe dégrader que de papilionner ou d'imiter l'Abeille en ce point.

Eſt-ce le préjugé? l'on ſe rappelle qu'on obſerve tous les jours que l'on s'étoit trompé dans des jugemens antérieurs ſur leſquels on en avoit appuyé d'autres également faux. Souvent on va juſqu'à confondre les préjugés avec les vrais principes : comment les diſcerner? On définit les termes de chaque Propoſition. L'on ſe forme des idées exaĉtes du ſujet & de l'attribut. On compare ces idées, les idées partiales des unes avec les idées partiales des autres, les idées totales avec les idées totales. Si l'idée totale de l'attribut ſe trouve dans l'idée totale du ſujet, c'eſt un vrai principe; ſinon ce n'eſt qu'un préjugé.

Eſt-ce la coûtume ? Pour peu qu'on ait lû d'hiſtoires & de voyages , & qu'on réfléchiſſe ſur le fort & le foible des coûtumes, il eſt difficile de n'y pas voir un grand fonds d'erreurs.

Eſt-ce le goût de l'antiquité , eſt-ce le goût de la nouveauté ? la prudence dit : » la force & les » bornes de l'eſprit ayant toûjours » été les mêmes, à peu-près. L'eſ- » prit a dû de tout temps décou- » vrir des vérités & donner dans » quelques erreurs , & il le doit » encore. Il ſied donc d'être éga- » lement en garde contre un goût » exceſſif ſoit pour l'antiquité , » ſoit pour la nouveauté, puiſque » l'un & l'autre excès peut nous » égarer. » S'agit-il de prendre un parti ? J'oublie qu'une opinion eſt nouvelle ou ancienne ; & ne l'enviſageant que comme une telle opinion, je l'examine pré-ciſément au poids & à la lumiere de la raiſon.

Eſt-ce l'imagination, eſt-ce quelque ſenſation cauſée par l'apparence des biens extérieurs? Il eſt aiſé de comprendre que fermer les yeux à la lumiere foible, mais fidéle, des idées pour ſuivre les impreſſions touchantes, mais trompeuſes des ſens & de l'imagination, c'eſt faire regner l'imagination & les ſens, où la raiſon doit dominer; c'eſt la honte de la raiſon & de l'humanité. L'on voit un homme dans l'éclat; en a-t-il plus de droiture, plus de raiſon, plus de vertu?

Eſt-ce l'amour, la haine, quelque paſſion? On réfléchit ſur le ridicule où tombent ceux qui jugent par paſſion. L'on ſuſpend ſon jugement juſqu'à ce que la paſſion ſe taiſe. Elle ſe calme quand on porte ſon attention ſur d'autres objets; le charme ceſſe enfin, l'illuſion ſe diſſipe, la raiſon ſe fait entendre & on l'écoute.

On peut se garentir en particulier des écüeils d'une passion, en considérant les avantages d'une vertu contraire. Est-il question par exemple, de se précautionner contre l'humeur maligne de l'envie qui nous sollicite à porter un jugement défavorable d'autrui ? Faisons attention que lorsqu'on voit un homme qui se plait à ouvrir les yeux sur le mérite des autres, à lui rendre justice, & à le faire observer, on dit : Voilà le caractére le plus sûr d'une belle ame, & d'un cœur véritablement généreux.

On m'attaque dans mon honneur ; je suis en bute à la calomnie. Le tempérament, l'impatience, l'imagination, le sens & la passion qui me portent à la vengeance, lui donnent quelque apparence d'équité, un air de noblesse & de grandeur d'ame. Je consulte, j'écoute attentivement la raifon & la Religion ; la Religion & la raifon me difent que puifque Dieu met fa gloire à me pardonner, il me fied , il m'eft glorieux même de pardonner; & je ne vois plus que foibleffe dans la vengeance.

En général , on eft Juge integre & fûr, lorfque fçachant faire le difcernement des motifs qui nous follicitent à juger, on eft affez maître de foi même pour ne fuivre dans fes décifions que les idées foibles, mais pures & lumineufes, de l'entendement.

ARISTE. Il faut donc être en garde contre l'impatience, la pareffe, le tempérament, la vanité, la prévention, l'imagination, l'amour, la haine, les paffions qui précipitent nos jugemens, & n'écouter que les idées pures de l'efprit.

EUDOXE. En un mot, être maître de foi-même ; c'eft le

grand secret pour bien juger.

Ariste. C'est-à-dire, que pour bien juger, il en coûte.

Eudoxe. Il en coûte trop, à ce qu'il paroît : mais comme on se plaît à s'ériger en soi-même un petit tribunal, on aime mieux juger au hazard que d'être sans cesse en garde contre tant de sources de faux jugemens, qu'une heureuse habitude formée sur l'observation de quelques regles previendroit sans peine.

Quoiqu'il en soit, après les reflexions que nous avons faites sur le jugement, nous serons en état, ce me semble, d'observer, lorsqu'Ariste le voudra, ce qui se passe dans le raisonnement. Nous aurons, du moins, le plaisir secret de sçavoir ce qu'ignorent beaucoup de gens qui ne laissent pas de raisonner assez bien, c'est-à-dire, quand & pourquoi l'on raisonne bien.

X. ENTRETIEN.

Sur le Caractère des raisonnemens.

ARISTE. Vous allez donc me dire, Eudoxe, ce qui se passe en moi quand je raisonne.

EUDOXE. Je ne ferai que continuer à dire ce qui se passe en moi-même. Ces deux termes, *Dieu, Juste,* viennent s'offrir encore à mon esprit ; & sur le rapport que j'y découvre par la comparaison seule d'un terme avec l'autre, je prononce, je dis : » Dieu est juste » & c'est un simple jugement.

Mais, pour éclaircir les choses, supposons que l'on me fait cette question : Dieu est-il un en trois personnes ? ou cette pro-

pofition, Dieu eft un en trois perfonnes, eft-elle vraie ? C'eft comme fi l'on me demandoit : ces
deux termes, Dieu, un en trois
perfonnes, ont-ils un rapport de
convenance ? Ce que dit le fecond, fe trouve-t'il dans le premier ? Examinons-les ... com-
parons-les ... je n'apperçois pas
l'un dans l'autre. Je ne vois point
leur rapport par la comparaifon
feule du fecond avec le premier.
Mais confultons la Religion ,
écoutons-là ..

> Dieu, dit la Religion même, eft un
> en trois perfonnes :
> Or, la Religion dit les chofes comme
> elles font :

& par la liaifon que ces deux jugemens ont avec la queftion, découvrant un rapport néceffaire de
convenance entre fes deux termes ; je dis :

> Donc Dieu eft un en trois perfonnes ;

& c'eft un raifonnement.

Ainfi

Ainſi, décider une queſtion ſur la comparaiſon ſeule des deux termes de la queſtion même, c'eſt juger preciſément. Décider la queſtion ſur la liaiſon qu'on lui trouve avec quelque jugement préalable ; c'eſt raiſonner.

En raiſonnant, on tire une propoſition de quelqu'autre. Ainſi, le raiſonnement eſt un aſſortiment de propoſitions dont une ſuit de quelqu'autre.

Si je dis :

» Le pécheur eſt un fils qui ſa révolte
» contre le plus tendre & le plus gé-
» néreux des Peres :
» Donc le pécheur eſt un ingrat ; »

c'eſt un raiſonnement. Mais ſi je diſois :

» Le pecheur eſt un fils qui ſe révolte
» contre le plus tendre & le plus gé-
» néreux des Peres.
» Or. un Fils qui ſe révolte contre le
» plus tendre & le plus généreux des
» Peres, eſt un ingrat :

Q

» Donc le pecheur eſt un ingrat. ;

L'eſprit, ſans être fatigué, verroit mieux la liaiſon de la premiére propoſition avec la derniere ; il ſeroit tranquille.

Ainſi, quand deux propoſitions ſont liées enſemble, ſi une troiſiéme en fait ſentir la liaiſon, l'eſprit qui veut voir la vérité dans un grand jour, eſt d'autant plus ſatisfait, qu'il ſent mieux la raiſon qui le porte à tirer une propoſition d'une autre ou à décider, ſans être embaraſſé par une multitude exceſſive de propoſitions.

Auſſi, le raiſonnement de trois propoſitions eſt fort en uſage, quand il s'agit de mettre une vérité dans tout ſon jour ; & c'eſt ce qu'on appelle *Syllogiſme*.

ARISTE. Le Syllogiſme eſt donc un raiſonnement de trois propoſitions. Mais quels noms donnerons - nous à ces propoſitions pour les caractériſer ?

EUDOXE. Elles font en poffeffion d'être appellées & par les
Philofophes, & par les Théologiens ; la premiére, *la Majeure* ;
la feconde, *la Mineure* ; & la troifiéme, *la Conclufion*. On donne
à la majeure & à la mineure, prifes enfemble, le nom de *Premiffes* ; le nom de *conféquence*, à la
liaifon des premiffes avec la conclufion. La conclufion eft-elle
affirmative ou négative ? Le Syllogifme l'eft de même.

ARISTE. Les propofitions fimples, complexes ou compofées,
ne donneront-elles pas aüffi des
Syllogifmes fimples, complexes,
ou compofés ?

EUDOXE. Si je dis :

» L'indolence eft un défaut.
» Tout défaut eft blâmable :
» Donc l'indolence eft blâmable ;

Le Syllogifme eft formé de
propofitions fimples ; & c'eft un
Syllogifme fimple.

Si je dis :

> » Un Prince aimé d'un peuple nom-
> » breux, opulent, & guerrier, est
> » invincible.
> » Or, Loüis XV. est un Prince aimé
> » d'un peuple nombreux, opulent &
> » guerrier ;
> » Donc Loüis XV. est un Prince in-
> » vincible, «

ce Syllogisme contient des propositions complexes ; & c'est un
Syllogisme complexe.

ARISTE. Je sens, ce me semble, la force de chacune de ces
espéces de Syllogismes sans la discerner.

EUDOXE. Elle consiste dans
la liaison de la conclusion avec
les premisses, dont l'une sert à faire
sentir la liaison de l'autre avec la
conclusion. Essayons de discerner cette force ou cette liaison
dans le Syllogisme simple ; &
nous la discernerons bien-tôt dans
les autres.

1. On me fait cette premiere queſtion: la colere eſt-elle blâmable? ou cette propoſition, „ la „ colere eſt blamable „ eſt-elle vraie?

J'examine d'abord un terme de la queſtion, par exemple, la *colere,* qui eſt le ſujet; & voyant dans l'idée de la colere l'idée du vice, je vois que *colere* contient *vice;* & je dis: „ la colere „ eſt un vice. „

Puis, comparant *vice* avec *blâmable,* autre terme de la queſtion; je vois de même que *vice* renferme *blâmable;* & je dis: „ le vice „ eſt blâmable. „

Enfin, ayant apperçu que *colere* contient *vice,* & que *vice* renferme *blâmable,* je vois que *colere* dit *blâmable,* ſur ce principe: „ ce qui contient une choſe, „ qui en renferme une autre, con- „ tient l'autre; „ & je dis: „ donc „ la colere eſt blâmable.

Par conséquent la force du Syllogisme simple affirmatif répond
à la force & à la vérité de ce principe :„ ce qui renferme une cho-
„ se qui en contient une autre,
contient l'autre (1).

On me fait une seconde question, " la colere est-elle loua-
„ ble ? „ j'examine le premier terme *colere* ; je vois que *colere* contient *vice* ; & je dis : " la colere
„ est un vice. „

Ensuite, comparant *vice* avec
louable , je vois que vice exclut
louable ; & je dis : " le vice n'est
„ pas louable. „

(1) D'ailleurs, quand on dit : « Donc la
» colere est blamable, » on le dit , parce
qu'on voit qu'on ne fait que dire formellement ce qu'on avoit dit en termes équivalents dans les premisses, en disant: « la cole-
» re est un vice, & le vice est blâmable. »
Par conséquent, on peut dire que la force
du Syllogisme simple affirmatif , consiste en
ce que la conclusion n'affirme formellement
que ce que les premisses avoient dit en d'autres termes.

Enfin, voyant que *colere* contient *vice*, & que *vice* exclut *louable*, je vois que *colere* exclut *louable*, sur ce principe : " ce qui con„ tient une chose qui en exclut „ une autre, exclut l'autre. „ & je dis : " donc le vice n'est pas „ *louable*. „

Par conséquent la force du Syllogisme négatif répond à la force & à la verité de ce principe, " ce qui contient une chose qui „ en exclut une autre, exclut „ l'autre „ (1).

ARISTE. C'est-à-dire, qu'en général, découvrir le rapport de

____

(1) D'ailleurs, quand on dit : « Donc la „ colere n'est pas louable, » on le dit parce qu'on voit que l'on ne fait que dire formellement ce qu'on avoit en termes équivalents dans les premisses, en disant: « la colere est „ un vice, & le vice n'est pas louable. »

Par conséquent on peut dire que la force du Syllogisme négatif consiste en ce que la conclusion ne nie formellement que ce que les premisses avoient nié en termes équivalents.

deux termes par un troisiéme contenu dans le premier & conte-
nant le fecond ou l'exclufion du
fecond, c'eft faire un raifonnement, un Syllogifme fimple, affirmatif ou negatif, fondé fur ce
double principe : " Quand de
„ deux chofes, la premiére en con-
„ tient une troifiéme qui renfer-
„ me la feconde, ou l'exclufion de
„ la feconde ; la premiere renfer-
„ me auffi la feconde, ou l'exclu-
„ fion de la feconde „ (1).

(1) Dans l'Ecole, on donne aux deux termes de la queftion ou de la conclufion le
nom d'*extrêmes*, & au troifiéme qui eft contenu dans l'un & qui contient l'autre, le nom
de *moyen* ; on appelle auffi le premier des
extrêmes, *petit terme*, & l'autre, *grand terme*.
Pour comparer les extrêmes avec le moyen,
fouvent on commence par le grand terme qui
fe trouve par là dans la *majeure*, à laquelle il
donne ce nom, afin que le petit terme fe trou-
vant dans la *mineure*, à laquelle il donne ce
nom, & que le paffages de premiffes à la conclufion, dont le petit terme eft le fujet, foit
plus fenfible.

Aïnfi

Ainſi, à proprement parler, on ne fait que dire dans la concluſion, ce qu'on a dit en d'autres termes dans les prémiſſes (1).

EUDOXE. 2. De même, quand je fais ce Syllogiſme complexe : „ Une perſonne qui s'occupe de „ la recherche de la verité, eſt un „ Philoſophe : Ariſte eſt une per-„ ſonne qui s'occupe de la re-„ cherche de la verité : Donc „ Ariſte eſt un Philoſophe. „

Pourquoi, dis-je : “ Donc Ari-„ ſte eſt un Philoſophe ? „ Parce qu'ayant vû dans Ariſte une per-ſonne occupée de la recherche de la verité, & dans une perſon-ne occupée de la recherche de la verité, un Philoſophe, j'ai vû dans Ariſte un Philoſophe ; ſur ce principe : “ ce qui contient une „ choſe, qui en renferme une au-„ tre, contient auſſi l'autre. „

(1) Dans l'uſage, la premiere des prémiſſes eſt la majeure ; & la ſeconde, la mineure.

Si je dis :

 „ Ariste eſt un jeune homme qui eſt
 Philoſophe :
 „ Un jeune homme qui eſt Philoſophe,
 ne met point ſon bonheur dans la poſſeſſion des biens de cette vie :
 „ Donc Ariſte ne met pas ſon bonheur
 dans la poſſeſſion des biens de cette
 vie.

Pourquoi, dis-je : " Donc Ari-
„ ſte ne met pas ſon bonheur dans
„ la poſſeſſion des biens de cette
„ vie ? „ Parce qu'ayant vû dans
Ariſte un jeune homme qui eſt Philoſophe, & dans un jeune homme
qui eſt Philoſophe, l'excluſion d'un
homme qui met ſon bonheur dans
les biens de cette vie, j'ai vû dans
Ariſte l'excluſion d'un homme de
ce caractére ; ſur ce principe :
„ ce qui contient une choſe qui
„ renferme l'excluſion d'une au-
„ tre, contient auſſi l'excluſion de
„ l'autre. „

ARISTE. Par conſéquent, la

force du Syllogifme complexe eſt
appuyée ſur les mêmes principes,
que celle du Syllogifme fimple,
& l'un & l'autre conſiſte dans le
fond , en ce que la concluſion
ne fait que dire ce que les prémiſſes ont dit en termes équivalents.

EUDOXE. 3. La propoſition
compoſée disjonctive vaut , comme nous l'avons dit (1), une propoſition conditionnelle ; & la propoſition conditionnelle, une propoſition abſoluë , complexe ou
fimple ; donc le Syllogifme compoſé disjonctif , ou qui renferme
une propoſition disjonctive , vaut
un Syllogifme compoſé conditionnel , ou qui renferme une propoſition conditionnelle ; & lé Syllogifme conditionnel , vaut un
Syllogifme complexe ou fimple.
Ainſi , la force du Syllogifme
fimple fait encore celle de ces
Syllogifmes compoſés , qu'on
appelle *conjonctifs* , parce que la

(1) 7. Entret. pag. 128.   R ij

majeure , disjonctive ou conditionnelle , réunit en elle-même :
& la mineure & la conclusion.

Mais examinons de plus prés
ces fortes de raifonnemens pour
en voir la force dans un plus grand
jour.

Si je dis :

> Arifte parle ou il fe tait.
> Arifte parle :
> Donc il ne fe tait pas.
>
> Arifte parle ou il fe tait.
> Arifte fe tait ;
> Donc il ne parle pas.

Voilà des Syllogifmes disjonctifs
dont il eft plus aifé de fentir la
force que de la faire fentir. Ef-
fayons de la déveloper.

La majeure d'un Syllogifme de
cette efpéce, eft une propofition
disjonctive , c'eft-à-dire , qui
contient deux parties , deux propofitions liées par la particule disjonctive , *ou* , mais parfaitement
oppofées (1) , en forte que fi l'une

_____
(1) 6. Entret. pag. 119.

est vraie, l'autre est fausse ; si l'une est fausse, l'autre est vraie.

Par conséquent admettre une partie de la proposition disjonctive, c'est exclure l'autre ; en exclure une, c'est admettre l'autre.

Cela supposé ; la force particuliere du Syllogisme disjonctif consiste en ce que les deux parties de la majeure étant tout-à-fait opposées, après en avoir admis une dans la Mineure, il rejette l'autre, comme il le doit, dans la conclusion ; ou qu'ayant rejetté l'une dans la mineure, il admette l'autre dans la conclusion.

Après avoir dit :

» Ariste parle, ou il se tait :
» Ariste parle :

Pourquoi dis-je dans la conclusion ,

» Donc Ariste ne se tait pas ?

Parce que des deux parties oppo-

fées de la majeure, après en avoir
admis une, comme vraie dans la
mineure, je dois rejetter l'autre
comme fauſſe dans la concluſion.

Aprés avoir dit :

» Ariſte parle ou il ſe tait;
» Ariſte ne ſe tait pas :

pourquoi dis-je dans la concluſion :

» Donc Ariſte parle ?

Parce que des deux parties oppoſées de la majeure, après en
avoir rejetté une comme fauſſe
dans la mineure, je dois admettre l'autre comme vraie dans la
concluſion.

Voulez-vous des Syllogiſmes
conditionnels ?

„ Si Dieu eſt juſte, il punit le vice :
„ Or, Dieu eſt juſte :
„ Donc il punit le vice.

La Majeure eſt une propoſition
conditionelle : Donc le Syllogiſme eſt conditionel (1). Ce Syl-

(1) Pag. 195.

logifme affirmatif eft bon : Pourquoi ? La conclufion ne dit formellement & abfolument que ce que les prémiffes on dit en termes équivalents : Car dire, comme la Majeure , » Dieu punit le vice, fuppofé qu'il foit jufte, ou fuppofée une condition qui fe trouve dans la Mineure » or, Dieu » eft jufte », c'eft-à-dire en termes équivalents » Dieu punit le » crime » comme la conclufion le dit formellement & abfolument.

> „ Si le Soleil luit, il eft jour,
> „ Or, il n'eft pas jour,
> „ Donc le Soleil ne luit pas.

Ce Syllogifme conditionel & négatif eft bon : Pourquoi ? dire, comme la Majeure, qu'il eft jour, fuppofé que le Soleil luife ; & nier au même tems, comme la Mineure, qu'il foit jour ; c'eft dire en termes équivalents „ le Soleil ne luit pas „ comme la conclufion

le dit formellement & abſolu-
ment (1).

ARISTE. Ainſi, l'on peut dire,
que la force de tout Sillogiſme eſt
la liaiſon de la concluſion avec les
prémiſſes, dont l'une ſert à faire
ſentir la liaiſon de l'autre avec la
concluſion ; & que cette liaiſon
conſiſte en ce que les prémiſſes
ne diſent en termes équivalents

(1) On donne aux Syllogiſmes conditionnels & aux Syllogiſmes disjonctifs le nom de
conjonctifs, parce que dans ces eſpéces de Syllogiſmes, la propoſition compoſée, qu'on appelle majeure, réünit diſtinctement les termes de la mineure & de la concluſion, en-
ſorte que les deux termes de la concluſion
ſe trouvent dans la majeure avec le moyen
termé. Par exemple, dans ce Syllogiſme
conditionnel :

> Si Dieu eſt juſte, il punit le vice,
> Dieu eſt juſte ;
> Donc Dieu punit le vice,

les deux termes de la concluſion, *Dieu*, le
vice, & les termes de la mineure *Dieu*, *juſte*,
ſe trouvent diſtinctement dans la majeure,
„ Si Dieu eſt juſte, il punit le vice „ avec
le moyen terme *juſte*, qui ſe rencontre auſſi
dans la mineure.

que ce que la conclufion dit en termes formels.

EUDOXE. Liaifon, que tout le monde fent, & que peu de gens conçoivent. Mais la conçoit-t'on une fois ? On conçoit la force des autres efpéces de raifonnemens.

Tout raifonnement n'eft pas fyllogifme régulier, ou n'a pas précifément trois Propofitions.

Quand on dit,

„ La prudence eft préferable aux richeffes ,

„ La juftice eft préferable aux richeffes ,

„ La force eft préferable aux richeffes ,

„ La tempérance eft préferable aux richeffes ,

„ Donc toute vertu eft préferable aux
richeffes.

C'eft un raifonnement qu'on ap-pelle *Induction ;* raifonnement qui caractérife en détail les parties d'un Tout dans les prémiffes, pour en conclure du Tout même

quelque chofe de commun à toutes les parties (1).   .
   Si je dis :

   „ L'Avare défire toujours :
   „ Celui qui défire toujours, eft toujours
     tourmenté par fes defirs ;
   „ Celui qui eft toujours tourmenté par
     fes defirs, eft malheureux ;
   „ Donc l'Avare eft malheureux ;

C'eft une efpéce de gradation ;
raifonnement où l'attribut de la
Propofition précedente devient
le fujet de la Propofition fui-
vante, jufqu'à ce que le fujet de
la premiere des prémiffes fe trouve réüni avec l'attribut de la derniere dans la conclufion.
   Lorfqu'on dit :

   „ L'Homme eft efclave ou maître de
     fes paffions,
   „ Si l'Homme eft efclave de fes paffions,
     il eft à plaindre   parce qu'il ne fçau-
     roit les raffafier ;

   (1) Ainfi, l'induction demande un dé-
nombrement exact de toutes les parties.

„ Si l'Homme eſt maître de ſes paſſions,
il eſt à plaindre , parce qu'il a toujours à combattre ;

„ Donc l'Homme, ſoit qu'il ſoit eſclave ou maître de ſes paſſions, eſt à
plaindre ;

C'eſt un Dilemme , ou un raiſonnement disjonctif, qui décide
enfin du Tout, ce qu'il a décidé
de chaque partie ſéparément.

Si je dis :

„ Une Science qui perfectionne l'eſprit
& le cœur, mérite notre attention,
puiſque c'eſt ſur tout par la perfection
de l'eſprit & du cœur, que l'Homme
eſt Homme.

„ Or, la Philoſophie perfectionne l'eſprit & le cœur , puiſqu'elle nous éclaire & qu'elle nous porte à la vertu ;

„ Donc la Philoſophie mérite notre attention ;

C'eſt un raiſonnement qu'on appelle en Logique *Epichéreme* ,
c'eſt-à-dire , un raiſonnement
dont les prémiſſes ſont accompagnées de leurs preuves.

Si je dis :

> „ Dieu est juste ;
> „ Donc il récompense la vertu ;

C'est *Enthyméme* ou raisonnement exprimé en deux propositions, dont la premiere se nomme, l'*Antecédent* ; la seconde, le *Conséquent* ou la Conclusion.

On y suppose une Proposition qui pourroit servir à faire sentir la liaison de la conclusion avec l'antecedent.

Si je dis :

> „ Dieu étant juste, il doit punir le cri-me dans cette vie ou dans l'autre ;

C'est un raisonnement renfermé dans une proposition qui en contient plusieurs.

Or, la force de ces raisonnemens divers revient à celle du Syllogisme : car lorsque je dis :

> „ La prudence est préferable aux ri-chesses,
> „ La justice est préferable aux riches-ses,

„ La force eſt préferable aux richeſſes ,

„ La tempérance eſt préferable aux richeſſes ;

„ Donc toute vertu eſt préferable aux
richeſſes ;

N'eſt-ce pas comme ſi je diſois ,

„ Toute vertu eſt préferable aux richeſſes, ſi la prudence , la juſtice, la
force & la tempérance ſont préferables aux richeſſes ;

„ Or , la prudence, la juſtice , la force
& la tempérance ſont préferables
aux richeſſes ;

„ Donc toute vertu eſt pérferable aux
richeſſes.

ainſi , l'induction vaut un Syllogiſme conditionnel.

Quand je dis :

„ L'Avare déſire toujours :

„ Celui qui deſire toujours , eſt toujours tourmenté par ſes deſirs ;

„ Celui qui eſt toujours tourmenté par
ſes deſirs , eſt malheureux ;

„ Donc l'Avare eſt malheureux ;

N'eſt-ce pas comme ſi je diſois ;

,, L'Avare deſire toujours ;

,, Or, celui qui deſire toujours eſt malheureux, puiſqu'il eſt toujours tourmenté par ſes deſirs :

,, Donc l'Avare eſt malheureux ?

& c'eſt un Syllogiſme dont quelque propoſition eſt accompagnée
de ſa preuve.

Quand je dis,

,, L'Homme eſt eſclave ou maître de
ſes paſſions.

,, Si l'Homme eſt eſclave de ſes paſſions
il eſt à plaindre, parce qu'il ne ſçauroit les raſſaſier ;

,, Si l'Homme eſt maître de ſes paſſions,
il eſt à plaindre, parce qu'il a toujours
à combattre ;

,, Donc l'Homme, ſoit qu'il ſoit eſclave ou maître de ſes paſſions, eſt à
plaindre ;

N'eſt-ce pas comme ſi je diſois,

,, L'Homme eſt eſclave ou maître de
ſes paſſions.

,, Or, ſoit qu'il ſoit eſclave ou maître
de ſes paſſions, il eſt à plaindre, par-

ce qu'il faut toujours leur accorder,
ou les combattre toujours :
„ Donc l'Homme eſt à plaindre?

& c'eſt un Syllogiſme disjonctif,
dont une des prémiſſes a ſa preu-
ye.

Quand je dis,

Dieu eſt juſte ;
Donc il récompenſe la vertu ;

N'eſt-ce pas comme ſi je diſois;

Le Juſte récompenſe la vertu :
Or, Dieu eſt juſte ;
Donc Dieu récompenſe la vertu?

Par conſéquent l'Enthymême
vaut un Syllogyſme, dont une
propoſition eſt ſous entenduë.

Quand je dis :

Dieu étant juſte, il doit punir le crime
dans cette vie ou dans l'autre ;

N'eſt-ce pas comme ſi je diſois;

Si Dieu eſt juſte, il punit le crime dans
cette vie ou dans l'autre ;
Dieu eſt juſte ;

Donc il punit le crime, &c.

Par conséquent . . . .

ARISTE. Mais si cette proposition, » Dieu étant juste, il » doit punir le crime, » est une forte de raisonnement, la plûpart des propositions que l'on fait dans le commerce de la vie, sont des espéces de raisonnemens.

EUDOXE. Ce sont des raisonnemens abregés, dont l'on connoît la force à proportion que l'on connoît celle du Syllogisme, qui est en même temps l'espéce de raisonnement la moins embarrassante, & la plus efficace pour éclairer & satisfaire l'esprit (1).

Vous avez pû voir, Ariste, ce qui se passe dans mon esprit quand je raisonne.

ARISTE. Me serois-je formé

(1) Le Syllogisme est une démonstration, quand la conclusion suit clairement de deux prémisses si claires que l'on ne peut refuser de s'y rendre.

là-dessus

6 là-dessus une idée juste du raisonnement ? le simple jugement est
un jugement porté sur le rapport
de deux termes connus par la
comparaison seule d'un terme
avec l'autre.

Le raisonnement est un assortiment de Propositions, dont l'une
suit de quelque autre.

Si je dis :

> Quiconque raisonne, est raisonnable ;
> Nous raisonnons :
> Donc nous sommes raisonnables.

c'est un raisonnement.

Il y a des raisonnemens de
plusieurs espéces, comme l'Enthymême, l'Induction, la Gradation, le Dilemme, le Syllogisme,
où reviennent les autres espéces
de raisonnemens.

Le Syllogisme est un raisonnement de trois propositions. Par
exemple :

> Qui fait un raisonnement de trois pro-
> positions, fait un Syllogisme :

S.

Je fais un raifonnement de trois propofitions :
Donc je fais un Syllogifme.

La premiere des trois Propofitions s'appelle ordinairement la
Majeure ; la feconde, la Mineure ;
la troifiéme, la Conclufion. L'on
donne à la Majeure, & à la Mineure le nom de prémiffes ; & la
liaifon des prémiffes avec la Conclufion, c'eft la conféquence.

La Conclufion eft-elle affirmative ? Le Syllogifme eft affirmatif. La Conclufion eft-elle négative ? Le Syllogifme eft négatif.

Parmi les Syllogifmes affirma-
tifs ou négatifs, il y en a de
fimples, de complexes, & de
compofés.

Le Syllogifme eft-il formé de
propofitions fimples ? Il eft fimple, par exemple :

Toute vertu eft eftimable :
La droiture eft une vertu ;
Donc la droiture eft eftimable.

> Toute baſſeſſe eſt blâmable :
> La flaterie eſt une baſſeſſe ;
> Donc la flaterie eſt blâmable.

Le Syllogiſme complexe a quelque propoſition complexe. Par
exemple :

> Tout Homme qui s'eſtime trop, eſt mé-
> priſable :
> L'Homme vain eſt un Homme qui s'eſti-
> me trop ;
> Donc l'Homme vain eſt mépriſable.

Le Syllogiſme compoſé ſen-
ferme quelque propoſition compoſée. Par exemple :

> Une ſource d'inquiétudes rend malheu-
> reux :
> Les richeſſes & les honneurs ſont une
> ſource d'inquiétudes ;
> Donc les richeſſes & les honneurs ren-
> dent malheureux.

Parmi les Syllogiſmes compoſés, il y en a qu'on appelle conjonctifs, c'eſt-à-dire, dont la Majeure réünit diſtinctement les termes de la Mineure & de la Con-

clusion ; tels sont les Syllogismes conditionnels & les Syllogismes disjonctifs. Par exemple :

> Si le monde est trompeur, il ne faut pas compter sur ses promesses,
> Or, le Monde est trompeur ;
> Donc il ne faut pas compter sur ses promesses.

> Si je me trompois, vous me reprendriez :
> Vous ne me reprenez pas ;
> Donc je ne me trompe point.

> Ou Dieu nous trompe, ou le Monde doit finir :
> Dieu ne nous trompe pas ;
> Donc le Monde doit finir.

Je puis réduire les Syllogismes de cette espéce à des Syllogismes absolus, simples ou complexes. Par exemple, ce Syllogisme conditionnel :

> Si une amitié est sincere, rien ne peut l'alterer :
> Notre amitié est sincere ;
> Donc rien ne peut alterer notre amitié ;

Je puis le réduire à celui - ci,

> Toute amitié fincere eft inaltérable :
> Nôtre amitié eft fincere ;
> Donc nôtre amitié eft inaltérable.

Ce Syllogifme disjonctif,

> Tout nombre eft pair ou impair :
> Le nombre de quatre eft pair ;
> Donc il n'eft pas impair ;

Je puis le réduire à celui-ci,

> Tout nombre qui n'eft pas impair, eft
> pair :
> Le nombre de quatre n'eft pas impair ;
> Donc, &c.

Ainfi la force du Syllogifme complexe, & par confequent celle du Syllogifme fimple, regne dans tous les Syllogifmes : Or, la force du Syllogifme fimple eft appuyé fur ce double principe : ce qui contient une chofe qui en renferme une autre, contient auffi l'autre ; ce qui contient une chofe qui renferme l'exclufion de l'autre, contient auffi l'exclufion

de l'autre. » Il eſt évident que »
la force des autres raiſonnemens »
vient à celle du Syllogiſme. »
En général la force du raiſonnement conſiſte en ce que la concluſion ne dit formellement que
ce que les prémiſſes ont dit équivalemment.

Suis-je entrée dans votre penſée, Eudoxe?

EUDOXE. Oüi, mais il y a de
vrais raiſonnemens, il y en a de
faux, & qu'on appelle Sophiſ-
mes. Un Sophiſme eſt une fauſſe
apparence de raiſonnement, un
aſſemblage de propoſitions qui
ſemblent imiter le raiſonnement,
mais dont la concluſion apparente n'eſt pas liée avec des prémiſſes vraies.

Si je dis,

> Ariſtote eſt un Philoſophe :
> Il y a des Philoſophes qui ſont Saints ;
> Donc Ariſtote eſt un Saint

Ce n'eſt qu'un Sophiſme, ſans

doute, & qu'une fauſſe apparence
de raiſonnement. Pourquoi? les
prémiſſes ne diſent pas équivalemment ce que dit la concluſion.
Dire qu'Ariſtote eſt un Philoſophe, & qu'il y a quelques Philoſophes qui ſont ſaints, ce n'eſt
nullement dire qu'Ariſtote ſoit
un ſaint : il faudroit que Philoſophe contenu dans *Ariſtote*, ren-
fermât *Saint*, conformément à
ce principe, ʺ ce qui contient
ʺ une choſe qui en renferme une
ʺ autre, contient l'autre. ʺ Or *Phi-*
loſophe contenu dans *Ariſtote* ne
renferme pas *Saint*.

Si l'on s'aviſoit de dire, comme Spinoſa,

> Nous n'avons qu'une idée de la ſub-
> ſtance, puiſqu'on n'en peut faire
> qu'une définition ;
> Donc il n'y a qu'une ſubſtance ;

J'aimerois autant que l'on dît,

> Nous n'avons qu'une idée de l'homme,
> puiſqu'on n'en peut faire qu'une dé-
> finition ;

Donc il n'y a qu'un homme.

Le second raisonnement reſſemble parfaitement au premier, Or, le ſecond n'eſt pas juſte. La conclusion n'eſt nullement liée avec l'antécédent. Lorſqu'on dit: nous n'avons qu'une idée de l'homme; c'eſt-à-dire, nous avons une idée générale qui convient à tout ce qui eſt homme. De même, quand on dit : nous n'avons qu'une idée de la ſubſtance; c'eſt-à-dire, nous avons une idée générale qui convient à tout ce qui eſt ſubſtance. Or, quoique nous ayons une idée générale, qui convient à tout ce qui eſt homme, il ne s'enſuit pas qu'il n'y ait qu'un homme. Donc, quoique nous ayons une idée générale qui convient à tout ce qui eſt ſubſtance, il ne s'enſuit pas qu'il n'y ait qu'une ſubſtance. Et le raiſonnement de Spinoſa n'eſt qu'un Sophiſme dicté par la paſſion d'un cœur qui s'efforce

d'être

d'être Athée endépit de la Logique & du bon sens.

Si l'on dit,

> Le bien le plus précieux mérite tous nos soins :
>
> Or, les richesses sont le bien le plus précieux,
>
> Donc les richesses méritent tous nos soins ;

C'est encore un Sophisme. La conclusion en est liée avec les prémisses, il est vrai : mais une des prémisses est fausse, sçavoir, la seconde ; la conclusion ne l'est pas moins. Et un vrai raisonnement, un raisonnement logique n'a rien de faux. La Logique étant l'art de découvrir le vrai, elle n'a en vûë que la verité, & elle n'emploie pour la découvrir que des opérations vraies. Le vrai raisonnement n'admet que des propositions vraies, dont la conclusion soit liée avec les prémisses.

T.

Ariste. Mais je voudrois des régles qui m'apprissent en détail à éviter les raisonnemens faux.

Hé·bien, dans notre premier entretien, nous chercherons encore & dans nous-mêmes & dans ce qui se passe sous nos yeux, des régles pour les raisonnemens.

XI. ENTRETIEN.

SUR LES REGLES DES RAISONNEMENS.

ARISTE. En coute-t'il beaucoup plus, Eudoxe, pour bien raisonner que pour bien juger ?

EUDOXE. Non, ce semble, Ariste ; & à proprement parler, la plûpart de nos jugemens sont des raisonnemens. Car enfin, l'on juge assez rarement sur le rapport de deux termes connus précisément par la comparaison de l'un avec l'autre. D'ordinaire, on juge sur le rapport des sens, sur le témoignage des hommes, ou sur la parole de Dieu même. Nous jugeons que le Printemps doit ramener la verdure, parceque nous avons vû souvent les plantes reverdir & refleurir au

Printemps, & que la chaleur qui se fait sentir alors, les ranime. Nous jugeons sur les relations des Voyageurs, que l'Europe est la plus belle partie du monde. Nous jugeons sur la parole de Dieu que les souffrances mêmes, font pour nous, si nous le voulons, une source de bonheur. Or, les jugemens de cette espéce sont des conclusions, des conséquences; & point de conséquences ou de conclusions sans raisonnemens. Nos entretiens ne sont-ils pas des tissus de propositions tirées les unes des autres, & par conséquent des tissus de raisonnemens formels ou équivalents, simples, ou composés, variés en mille maniéres, où l'on transporte les termes, les propositions mêmes; que dis-je, où l'on sous-entend les propositions, où l'on se contente d'établir le principe pour laisser tirer la conclusion. Si je dis : „ Il faut avoir le goût du vrai, pour se montrer aussi atten- tif qu'Ariste à ce qui regarde le raisonnement „ n'est pas un rai- sonnement ? C'est comme si je disois : „ Quand on se montre „ très attentif à ce qui regarde „ le raisonnement, on a le goût „ du vrai : Or Ariste se montre...

ARISTE. C'est-à-dire, que loüange, médisance, raillerie, badinage dans la conversation, presque tout enfin, est raisonne- ment faux ou vrai.

EUDOXE. Un vrai raisonnement est vrai dans la matiere, & dans la forme ; vrai dans la matiere, c'est- à-dire qu'il n'a point de proposition qu'il ne soit vraie ; vrai dans la for- me, c'est-à-dire, que l'assortiment des propositions est tel que la con- clusion suit naturellement des pré- misses.

Un faux raisonnemens est faux dans la matiére, ou dans la forme, ou dans la forme & dans la matiére tout à la fois; faux dans la matiére, quand il contient quelque proposition fausse; faux dans la forme, quand l'assemblage des propositions n'est pas tel qu'une proposition suive naturellement de ce qui la précede; faux dans la forme & dans la matiére, quand il y a quelque proposition fausse, & que celle qu'on nomme conclusion, n'est pas liée avec les précédentes.

ARISTE. Mais enfin, quelles régles peuvent servir à faire des raisonnemens vrais, ou à prévenir les raisonnemens faux, soit dans la forme, soit dans la matiére?

EUDOXE. Cherchons d'abord des regles pour la forme des Syllogismes simples, complexes, ou composés; & nous aurons des régles pour la forme de tous les raisonnemens.

Quel est le principe du Syllogisme simple? *Ce qui contient une chose qui en renferme ou exclut une autre, renferme ou exclut l'autre* (1).

C'est comme si je disois » un » terme de la conclusion conte-» nant un terme, qui renferme » ou exclut l'autre terme de la » conclusion, renferme ou exclut » l'autre terme de la conclusion ».

De-là, 1. le *Syllogisme simple n'a que trois termes* ; sçavoir, le moyen qui est contenu dans un extrême & qui contient ou exclut l'autre ; les deux extrêmes, ou les deux termes de la conclusion : Regle qui dans le fonds contient les autres & pourroit suffire.

Si je dis :

» L'Oeillet est une Fleur :
» Le Diamant est une Pierre ;
» Donc le Diamant est une Fleur ;

ce n'est qu'une fausse apparence de Syllogisme, qui ayant quatre termes, Œillet, Fleur, Diamant, Pierre, n'en a aucun

(1) 10. Entret. pag. 192. T iiij

qui offre à l'esprit le rapport de deux autres.

2. Le *Syllogisme simple n'a qu'un moyen terme*. Autrement, il auroit quatre termes ; & il n'en souffre que trois, par la premiere régle.

3. Le *moyen terme n'est point terme équivoque , point terme particulier & dans la majeure & dans la mineure.* Il se prendroit, là pour une des choses auxquelles il convient ; ici , pour une autre ; il auroit deux sens , il seroit double : & le Syllogisme auroit quatre termes.

Ainsi, l'on feroit un raisonnement ridicule , si l'on s'avisoit de dire :

» Quelque Homme est saint :
» Céfar est un Homme ;
» Donc Céfar est un faint.

Seroit-ce mieux raisonner, de dire :

» L'or est précieux ;
» Le Diamant est précieux ;

" Donc le Diamant eſt de l'or?

4. *L'une des prémiſſes eſt affirma-*
tive. Car ſuivant le principe général, une des prémiſſes doit aſ-
firmer que l'un des termes de la
concluſion contient le moyen
terme.

Auſſi, un Homme qui diroit :

   " L'or n'eſt pas l'argent ;
   " L'argent n'eſt pas jaune :
   " Donc l'or n'eſt pas jaune ;,

Raiſonneroit-il ?

5. Les *termes n'ont point plus*
d'étenduë dans la concluſion que dans
les prémiſſes. La concluſion ne
diſant que ce qu'ont dit les prémiſſes (1) elle ne dit pas plus.
D'ailleurs les termes n'étant plus
dans la concluſion les mêmes
que dans les prémiſſes, le ſyllo-
giſme en auroit plus de trois.
Auſſi l'on ne raiſonneroit pas en
diſant :

(1) Pag. 225.

» Le Sage eſt eſtimable :
» Il y a des Hommes ſages ;
» Donc tous les Hommes ſont eſtimables (1).

Dans le Syllogiſme complexe, ainſi que dans le Syllogiſme ſimple, on décide qu'un terme de la concluſion renferme ou exclut l'autre terme de la concluſion, parce qu'on a dit dans les prémiſſes, que celui-là contenoit un terme qui renfermoit ou excluoit celui-ci (2).

Donc le Syllogiſme complexe ſuit les régles du Syllogiſme ſimple.

ARISTE. Mais ſi je dis :

» L'équité veut que nous ayons de la tendreſſe pour ceux à qui nous devons le jour :

(1) Pour apprendre à raiſonner, je voudrois que l'on raiſonnât d'abord ſur des ſujets peu compoſés, ſimples, & dont l'on eût des idées nettes, exactes, afin que l'on apprît ſans embarras à voir la force du raiſonnement.

(2) Pag. 194.

» Nos Parens font ceux à qui nous devons le jour :

» Donc l'équité veut que nous ayons
de la tendreſſe pour nos Parens ;

le Syllogiſme complexe, le raiſonnement eſt bon, ce ſemble :
Néanmoins, Eudoxe, ce que
vous appellez le moyen terme
ne paroît point être le même
dans la majeure & dans la mineure : dans la majeure, c'eſt
» que nous ayons de la tendreſſe
» pour ceux à qui nous devons le
» jour : dans la mineure, c'eſt
préciſément » ceux à qui nous
» devons le jour.

E U D O X E. Dans les raiſonnemens de cette eſpéce, dans les
Syllogiſmes complexes, il faut
juger des termes par le ſens plûtôt que par les mots, dont ils ſont
compoſés. Or, dans votre raiſonnement, le moyen terme à le même ſens dans la majeure & dans
la mineure, quoiqu'il y ſoit ex-

primé différemment. Aussi, en
se servant d'expressions équiva-
lentes, on peut exprimer le même sens & dans la majeure & dans
la mineure sous les mêmes expressions. Par exemple, si je dis :

> » Ceux à qui nous devons le jour, doi-
> vent être l'objet de notre tendresse :
> » Or, nos Parens sont ceux à qui nous
> devons le jour :
> » Donc nos Parens doivent être l'objet
> de notre tendresse ;

Ce raisonnement, où le moyen
terme est le même, quant au sens
& quant à l'expression, dans la
majeure & dans la mineure, dit
la même chose que le vôtre.

En général, pour raisonner
juste en Syllogismes simples ou
complexes, il est à propos de
commencer par fixer le sens de
la proposition qu'il s'agit d'éclaircir, c'est-à-dire, par bien établir
la question, de chercher ensuite
quelque idée qui l'éclaircisse ; &

l'on a cette idée, lorfqu'en approfondiffant l'idée du fujet, on y trouve une idée qui contient l'attribut ou l'exclufion de l'attribut.

Cette idée trouvée dans l'idée du fujet, & qui contient l'idée de l'attribut, c'eft le moyen terme, comme nous l'avons dit. Or, pour trouver ce moyen terme, il eft bon de fe demander à foi-même : Comment m'y prendrai-je pour découvrir le rapport des deux termes de la queftion ? Qu'eft-ce que le premier prefente à l'efprit ? Cette idée moyenne qu'il réveille & qu'il contient, quel rapport a-t'elle avec le fecond terme ou l'attribut ? Le contient elle, en contient elle l'exclufion ? Ainfi naît une idée qui par fon rapport avec le premier terme qui la renferme, & avec le fecond qu'elle renferme, ou dont elle renferme l'exclufion, nous apprend le rapport réel & réci-

proque du sujet & de l'attribut de
la queſtion (1).

Parmi les Syllogiſmes compoſés, il y en a qui ne font, comme
le Syllogiſme ſimple ou complexe, qu'aſſortir diſtinctement
un terme de la queſtion avec le
moyen terme dans la premiere
des premiſſes, & aſſortir l'autre
terme de la queſtion avec le même moyen terme dans la ſeconde
des prémiſſes, pour aſſortir enſemble les deux termes de la
queſtion dans la concluſion. Par
exemple.

» Une ſource continuelle d'inquiétudes rend malheureux :

» Or, les richeſſes & les honneurs font
une ſource continuelle d'inquiétudes:

» Donc les richeſſes & les honneurs rendent malheureux.

(1) Si l'idée du ſujet & l'idée de l'attribut
de la queſtion ſe trouvoient telles, que l'on
vît auſſi-tôt l'une dans l'autre ; il ſeroit inu-
tile de raiſonner. On jugeroit ſur la comparaiſon ſeule de deux idées.

Comme de pareils Syllogifmes
ſont évidemment les mêmes principes, que les Syllogifmes complexes, ou les Syllogifmes ſimples,
ils ſuivent auſſi les mêmes régles.

Mais les Syllogifmes conjonctifs, ſçavoir le conditionel & le
disjonctif, ſont ſuſceptibles, ce
ſemble, de régles particulieres.
Quand je dis :

> » Si le Pauvre juſte & ſoumis eſt ſans
> inquiétude, il eſt heureux :
> » Or, le Pauvre juſte & ſoumis eſt ſans
> inquiétude :
> » Donc il eſt heureux ;

Le Syllogifme eſt bon.

De-là, 1. Le Syllogifme conditionel affirmatif eſt bon, quand
la partie qui exprime dans la majeure l'antécedent ou la condition, fait la mineure, & que la
partie, qui exprime dans la majeure, le conſéquent ou la ſuite
de la condition, fait la concluſion. Alors, il eſt évident que la

conclusion ne dit que ce que disent les prémisses. On affirme dans la majeure la vérité du conséquent, supposé la vérité de l'antécédent. On suppose, on affirme la vérité de l'antécédent dans la mineure : il faut donc que la conclusion affirme la vérité du conséquent.

Quand je dis :

» Si le Riche injuste est heureux, il est sans inquiétude :

» Or, le Riche injuste n'est pas sans inquiétude :

» Donc il n'est pas heureux.

Le Syllogisme est bon.

De-là 2. Le Syllogisme conditionnel négatif est bon, quand ayant exclus dans la mineure le conséquent de la majeure ou la suite naturelle de la condition, il exclut l'antécédent de la majeure, ou la condition même dans la conclusion.

Mais

Mais quand je dis :

» Si le Printemps approche nous verrons bientôt des fleurs nouvelles :

» Or, nous verrons bientôt des fleurs nouvelles :

» Donc le Printemps approche ;

Le raisonnement n'est pas juste. Le Printemps est passé, nous sommes dans l'Eté ; & nous verrons bientôt des fleurs nouvelles. L'Eté a ses fleurs nouvelles, comme le Printemps. L'Œillet est une fleur nouvelle de l'Eté, comme la Jonquille est une fleur nouvelle du Printemps. Les fleurs nouvelles sont de différentes Saisons.

De-là, 3. Le Syllogisme conditionel affirmatif est défectueux, lorsque du conséquent de la majeure, ou de la suite de la condition, il fait la mineure, pour faire de l'antécedent de la majeure, ou de la condition même, la conclusion ; parce que le

V

conféquent, ou la fuite de la condition, peut être la fuite ou l'effet d'un autre principe.

Quand je dis :

» Si Arifte fe fignale par la voie des armes, il eft eftimable :

» Arifte ne fe fignale point par la voie des armes ;

» Donc il n'eft point eftimable ;

le raifonnement eft très faux. Si Arifte n'eft pas eftimable pour fe fignaler par la voie des armes, il l'eft pour fe diftinguer par le goût des Sciences & de la Vertu.

ARISTE. Je veux bien vous paffer encore ce raifonnement pour ne point perdre le temps.

EUDOXE. C'eft-à-dire que le Syllogifme conditionnel négatif eft défectueux lorfqu'ayant exclus dans la mineure l'antécédent de la majeure, ou la condition, il exclut le conféquent de la majeure, ou la fuite de la condition dans la conclufion : parce que la

„ fuite ou l'effet de la condition
„ peut venir d'une autre fource.

Paffons au fyllogifme disjonctif : Si je dis :

> „ Le nombre de 4 eft pair ou impair:
> „ Le nombre de 4 eft pair :
> „ Donc il n'eft pas impair.
>
> „ Le nombre de 5 eft pair ou impair:
> „ Il n'eft pas pair :
> „ Donc il eft impair ;

les raifonnemens font également
évidents & juftes.

De-là, 1.Le Syllogifme disjonctif eft bon , quand les deux parties
de la majeure,ou de la propofition
disjonctive , étant parfaitement
oppofées , enforte que l'une dife
reciproquement l'exclufion de
l'autre , il en admet une dans la
mineure,pour exclure l'autre dans
la conclufion ; ou qu'il en exclut
une dans la mineure pour admettre l'autre dans la conclufion.

Mais fi je dis :

> „ Tout Homme eft fçavant ou igno-
> rant:

„ Beaucoup de Gens de Lettres ne font
pas fçavants :

„ Donc beaucoup de Gens de Lettres
font ignorants ;

le raifonnement n'eft pas exact.
Pourquoi ? Parce que les deux parties de la majeure, ou de la propofition disjonctive, ne font point
oppofées parfaitement, & qu'elles
font fufceptibles d'un milieu. Entre l'érudition & l'ignorance, il
eft une certaine médiocrité de
connoiffances, qui fait que l'on
n'eft, à proprement parler, ni
ignorant, ni fçavant.

De-là, 2. Si les parties de la
propofition disjonctive, ou de la
majeure, ne font point parfaitement oppofées, ou qu'elles foient
fufceptibles de quelque milieu, le
Syllogifme disjonctif n'a qu'une
vaine apparence de raifonnement.

Enfin, voilà des régles pour
la forme des raifonnemens. Cher-

chons en pour la matiére.

Les raisonnemens sont rarement défectueux dans la forme.
Et quand ils le sont dans la forme, on sent affez le défaut, si l'on
ne sçait pas le démêler, & le dé-
voiler. Mais les raisonnemens pê-
chent souvent dans la matiére;
souvent quelqu'une des prémisses
est fausse; souvent on tire une
conclusion de quelque faux jugement; souvent on raisonne sur de
faux principes. De-là, le grand
nombre des faux raisonnemens.
L'attention préviendroit donc
l'erreur dans les raisonnemens,
comme dans les simples jugemens : Ainsi, l'inattention ou la
précipitation est une source générale d'erreurs dans ceux là, comme dans ceux-ci; & les sources
de notre inattention sont les sources de nos erreurs dans les raisonnemens, comme dans les jugemens. Donc l'impatience, la

pareffe, le tempérament ou l'humeur, les préjugés, ou la coûtume, l'imagination, l'amour,
la haine, l'amour propre, les paffions enfin, qui font les faux jugemens, font auffi les raifonnemens faux. En effet, voyons ce
qui fe paffe dans le monde, fous
nos yeux, & dans nous-mêmes.
Le préjugé, par exemple, qui
produit ce faux jugement : » l'hon-
» neur eft le bien le plus pré-
» cieux » produit ce faux raifonnement,

> „ L'honneur eft le bien le plus pré-
> cieux :
> „ Le bien le plus précieux demande que
> nous rifquions tout, même la vie,
> pour le conferver ;
> „ Donc l'honneur demande que nous
> rifquions, même la vie, pour le con-
> ferver.

Et tous les jours ce faux raifonnement fait courir à la vengeance, pour laver un affront dans le
fang d'un ennemi.

Ainsi les coûtumes de Familles, de Peuples, de Nations, étant des sources de préjugés, font des sources de faux raisonnemens.

L'Ambition qui fait ce jugement faux » rien de plus beau que » de se voir au-dessus des hommes » fait ce faux raisonnement :

> Rien de plus beau que ce qui nous éleve au-dessus des autres Hommes :
> Or, les dignités nous élevent au-dessus des autres Hommes :
> Donc rien de plus beau que les dignités.

Et sur ce faux raisonnement, l'ambitieux ne craint pas, pour s'élever, de fouler aux pieds un concurrent.

L'Avarice, qui regarde les richesses comme la source du bonheur, raisonne de la sorte :

> La source de notre bonheur mérite tous nos empressemens :

> Les richeſſes ſont la ſource de notre
> bonheur :
> Donc les richeſſes méritent tous nos em-
> preſſemens.

Et ſur ce faux raiſonnement, l'Avare ſe fait une idole des richeſſes.

Au contraire la volupté, qui ne ſe figure de félicité que dans les plaiſirs des Sens, raiſonne ainſi :

> La ſource du bonheur eſt préférable à
> tous les biens de la vie :
> Or, les plaiſirs des Sens ſont la ſource
> du bonheur :
> Donc, &c.

Et ſur ce faux raiſonnement, le voluptueux prodigue les richeſſes pour ſe livrer aux plaiſirs des ſens, ne faiſant point attention que les plaiſirs purs de la vertu ſeroient bien plus efficaces pour le rendre véritablement heureux.

L'Amour qui ferme les yeux ſur les défauts de ſon objet, raiſonne,

fonne, à peu-près, de cette maniere :

> Ce qui eſt bon, mérite d'être aimé :
> Ce qui me plaît eſt bon, puiſqu'il eſt
> ſans défaut :
> Donc, &c.

& ſur ce raiſonnement trompeur
on aime ce qui plaît plûtôt que
ce qui mérite d'être aimé.

La Haine qui n'ouvre les yeux
que ſur les défaux de ſon objet,
raiſonne, à peu-près, de cette
maniére :

> Un objet defectueux eſt haïſſable :
> L'objet qui me déplait, eſt défectueux
> Donc, &c.

& par un raiſonnement de cette
eſpéce, on s'étourdit pour ſuivre
tranquillement les mouvemens
d'une haine ſecrete.

Ainſi nos paſſions nous ſédui-
ſent & nous joüent, par de fauſſes couleurs de raiſonnemens.

Les apparences extérieures
X

font de concert avec nos paffions
pour nous tromper. L'autorité
impofe ; un air de confiance per-
fuade ; de l'agrément dans la
prononciation, dans l'expreffion,
un ton agréable, un langage pur,
de la vivacité dans l'efprit ; tout
cela ne prévient-il pas en faveur
de ce qu'on nous dit? L'amitié,
l'éclat d'une dignité, d'un rang,
donne du poids à ce qu'on nous
débite. Dans de pareilles circonftances, on n'eft guéres attentif
qu'aux chofes qui peuvent nous
engager à croire que l'on dit vrai.

Enfin , l'impatience qui fuit
les examens & les énumérations
pénibles , remplit le commerce
du monde de propofitions & de
maximes générales qui font autant de fauffes conféquences. On
voit un grand nombre d'amitiés
intéreffées; on veut qu'il n'y en
ait point d'autres. On rencontre
beaucoup de chofes incertaines ;

on prétend qu'elles le font toutes Vous n'avez pas réüffi dans une entreprife ; vous paffez pour être incapable de réüffir. C'eft à peu-près comme fi l'on difoit : un homme n'a pas réüffi dans telle entreprife : Donc il eft inhabile à tout. Il a été malheureux dans telles circonftances : Donc il le fera toûjours. Il y a bien des cho-fes incertaines : Donc l'efprit hu-main flotte par-tout dans l'incer-titude. On a vû des amitiés in-téreffées & infideles : Donc il n'y a pas de vrais amis.

ARISTE. « Un mot eft déplacé, » la piece eft déteftable ».

EUDOXE. Faux raifonnemens, dont le ridicule devroit nous ren-dre plus attentifs & plus refervés.

ARISTE. Hé, raifonne-t'on mieux lorfque frappé de l'éclat des richeffes, on donne aux ri-ches tant de qualités imaginai-res?

X ij

EUDOXE. Il eſt donc à propos, pour bien raiſonner, comme pour bien juger, d'être en garde également contre l'impatience & le caractére du temperament, les préjugés, les paſſions, les apparences extérieures.

ARISTE. Et voilà bien des ſecours pour éviter les raiſonnemens faux ſoit dans la forme, ſoit dans la matiére.

EUDOXE. Avez-vous trouvé dans vos réflexions les mêmes régles?

ARISTE. *Régles qui regardent la forme du raiſonnement.*

1. Le Syllogiſme ſimple ne veut que trois termes, le ſujet & l'attribut de la queſtion ou de la concluſion appellés *extrêmes*, & un troiſiéme terme nommé *moyen terme*, contenu dans le ſujet de la concluſion, comme l'affirme une des prémiſſes, & qui con-

tient l'attribut ou l'exclusion de l'attribut de la conclusion, comme le dit une des prémisses.

Ainsi, le moyen terme ne sera point un terme équivoque, point un terme particulier & dans la majeure & dans la mineure.

Une des prémisses sera affirmative.

Enfin, les termes n'auront point plus d'étenduë dans la conclusion que dans les prémisses : ce ne seroit plus les mêmes termes ; le Syllogisme en auroit plus de trois.

2. Les Syllogismes complexes, & plusieurs Syllogismes composés suivront précisément les mêmes régles.

3. Le Syllogisme conjonctif a ses régles particuliéres.

Le Syllogisme est-il conditionel ? Ayant fait de l'antécédent ou de la condition, la mineure, il fera la conclusion, du conséquent ou de la suite de la condi-

tion ; ou bien ayant exclus dans
la mineure le conféquent, il exclura l'antécédent dans la conclufion.

Ainfi, ce Syllogifme n'a qu'une
vaine apparence. 1. Quand il fait
du conféquent la mineure, pour
faire de l'antécédent la conclufion ; parce que ce qui paffe pour
être le conféquent, ou bien la
fuite d'un antécédent, pourroit
venir d'un autre principe.

2. Lorfqu'ayant exclus l'antécédent, ou la condition dans la
mineure, il exclut dans la conclufion le conféquent, ou la fuite
de la condition ; parce que ce
conféquent, ou cette fuite, peut
venir d'ailleurs, à moins que la
majeure ne foit exclufive.

Le Syllogifme eft-il disjonctif ?
Il veut une oppofition parfaite
entre les parties de la propofition disjonctive.

Il admettra une partie de la

proposition disjonctive dans la mineure, pour exclure l'autre dans la conclusion, ou au contraire.

Conditionel ou disjonctif, le Syllogifme compofé peut fe changer en Syllogifme complexe ou fimple, & par conféquent fa force eft appuyée fur les régles du Syllogifme fimple ; & tout raifonnement revient au Syllogifme.

Régles qui regardent la matiére du raifonnement.

1. Chaque propofition du raifonnement doit être vraie, puifque la Logique n'a en vûë que la vérité même.

2. Il faut donc être en garde contre les piéges du tempérament, des préjugés, de la coûtume, de l'imagination, des fens, des paffions, & des apparences, pour éviter la précipitation, qui produit tant de jugemens faux.

Voilà des régles que j'ai trouvées dans mes réflexions, Eudoxe, ou plûtôt dans les vôtres.
Et je conclus de-là qu'une régle
générale pour bien raisonner,
c'est d'aimer la vérité, de la chercher attentivement, & de ne se
rendre qu'à la raison.

E U D O X E. Je crois qu'avec
ces lumiéres, Ariste, nous dé-
mêlerons aisément le foible d'un
certain nombre de faux raisonnemens ou de Sophismes célébres,
anciens ou modernes, qui, ce
semble, ont eu plus de cours,
qu'ils ne méritoient, parmi les
Philosophes. Si je rappellois
cette espéce de raisonnement,
dont Séneque se mocquoit :

> Rat est un animal rongeur :
> Rat est une Syllabe :
> Donc une Syllabe est un animal ron-
> geur. . . .

A R I S T E. Je me rirois du raisonnement, comme Séneque,

Un Syllogifme n'a qu'une apparence trompeufe de raifonnement, lorfqu'il contient plus de trois termes. (1). Or, le Syllogifme dont Séneque fe joüe, contient plus de trois termes, puifque le moyen terme en vaut deux. En effet, *Rat*, qui eft le moyen terme, eft un terme équivoque. Pris dans la majeure pour l'animal fignifié par cette fyllabe, *Rat*, & pris dans la mineure pour la fyllabe même, il a deux fens. Donc il vaut deux termes ; & par-là même il vaut trop, ou plûtôt il ne vaut rien pour montrer le rapport de deux termes par la liaifon d'une chofe avec eux.

> Le mot qui fignifie, eft la fyllabe, & la chofe fignifiée par le mot, eft l'animal rongeur :
>
> Or, le mot qui fignifie, n'eft pas la chofe fignifiée :
>
> Donc la Syllabe n'eft pas l'animal rongeur.

(1) Par la première des régles pour la forme, pag. 244.

EUDOXE. Trouveriez-vous la même solidité dans ce raisonnement antique ;

> Je ne suis pas ce que vous êtes ;
> Vous êtes raisonnable :
> Donc je ne suis pas raisonnable ?

ARISTE. Un raisonnement n'a nulle solidité, quand il dit plus dans la conclusion que dans les prémisses, ou qu'un terme a plus d'étenduë dans la conclusion, que dans les prémisses (1). Or, ce raisonnement dit plus dans la conclusion, que dans les prémisses ; un des termes a plus d'étenduë dans la conclusion que dans les prémisses. Ce terme (*raisonnable*) est un terme général dans la conclusion, puisqu'il est attribut d'une proposition négative ; & il est terme particulier dans la mineure, puisqu'il s'y trouve attribut d'une proposition affirmative. Quoique vous ne soiez pas tel

______

(1) Par les mêmes régles.

être raisonnable, il ne s'ensuit pas que vous ne soiez point un être raisonnable.

EUDOXE. Si je disois :

> Vous avez ce que vous n'avez pas
>   perdu :
> Vous n'avez pas perdu dix loüis :
> Donc vous avez dix loüis.

ARISTE. Je dirois : la majeure est fausse ; car si j'avois ce que je n'ai pas perdu, je serois bien l'homme le plus riche de l'Univers. Je posséderois toutes les pierreries de l'Orient & tout l'or du Perou.

EUDOXE. Mais supposez que je fais ce raisonnement :

> Si je possédois un bien mal aquis, je se-
>   rois coupable :
> Je ne possède point un bien mal aquis ;
> Donc je ne suis point coupable.

ARISTE. Si vous le faisiez ce raisonnement, je vous croirois coupable pour avoir fait de gayeté de cœur un mauvais raisonne-

ment. Ce feroit exclure l'antécédent de la majeure, ou la condition, dans la mineure, pour exclure le conféquent de la majeure,
ou la fuite de la condition, dans
la conclufion, contre la Regle(1).
Ce qui n'eft pas l'effet d'une caufe, peut être l'effet d'une autre.
On peut être coupable fans poffeder un bien mal acquis. Le Voluptueux eft coupable fans rien
devoir à perfonne.

EUDOXE. Enfin, Arifte, nous
fçavons appercevoir, juger, &
raifonner. Mais ce n'eft point affez de fçavoir former quelques
idées, faire de ces idées quelques
propofitions, qui puiffent fervir
de principes, tirer de ces principes, une conclufion. La plûpart des fujets que l'on veut éclaircir, étant compofés, ils demandent qu'on fçache arranger, en-
chaîner plufieurs idées, plufieurs

____
(1) Pag. 246.

jugemens, plusieurs raisonnemens, plusieurs pensées diverses
pour l'éclaircissement parfait d'u-
ne question. Et ce qui fournit les
lumieres, les réfléxions, les régles nécessaires pour conduire
ainsi l'esprit de vérités en vérités
jusques à celles que l'on cherche;
c'est la Méthode, que nous cherchons dans notre premier Entretien.

XII. ENTRETIEN.

SUR LA MÉTHODE.

ARISTE. Qu'eſt-ce donc que la Méthode en général ? Y a-t'il des Méthodes différentes ? Quelle eſt la vôtre, Eudoxe ? La vôtre ſera la mienne.

EUDOXE. J'appelle Méthode un aſſortiment de maximes, de pratiques, & des penſées diverſes, propre pour découvrir la vérité, ſoit qu'il s'agiſſe de la connoître, ou de la faire connoître (1).

Dans l'uſage de la Méthode pour découvrir le vrai, quelquefois je vais pas à pas, & comme

(1) Il eſt manifeſte que la netteté, la brieveté, & la certitude ſont les qualités d'une bonne méthode. Nette, elle éclaire ; courte, elle ne fait pas perdre de temps ; certaine, elle atteint le but.

par degrés, des choses qui sont plus simples & plus aisées à comprendre, à celles qui sont plus composées, plus embarrassées, & plus difficiles à concevoir. Je donne d'abord mon attention aux plus simples ; puis, je fais de même à l'égard de celles qui le sont moins. Non content d'éxaminer les unes & les autres séparément, j'essaye d'en démêler la liaison, pour aller sûrement de lumiére en lumiére, sans rien omettre dont la connoissance puisse répandre le jour dans ce qui suit ; & cette Méthode s'appelle la *Synthese.*

Dans nos entretiens précédents, nous avons été pas à pas de l'idée qui est quelque chose de plus simple, & de plus facile à pénétrer, à la proposition qui est quelque chose de plus composé, de plus difficile ; de la proposition au raisonnement, qui résulte

d'un affemblage de propofitions
afforties, & plus embarraffé encore. Enfin, du raifonnement,
nous voilà parvenus à la Méthode, qui embraffe idées, propofitions & raifonnemens. Et nous
avons fait ce chemin par la Syn-
thefe.

Quelquefois, je vais des chofes qui font plus compofées à celles qui font plus fimples. Je divife un tout pour en examiner les
parties féparément & pour connoître mieux le tout par l'examen
des parties. Cette Méthode eft
l'*Analyfe*.

Si je commencois par dire : la
Méthode en général eft un affor-
timent de penfées diverfes pour
découvrir la vérité. Ces penfées
diverfes font des raifonnemens,
des jugemens, des idées ; les raifonnemens font des tiffus de propofitions ou de jugemens ; les jugemens, des décifions fur les
idées,

idées, &c. enfuite que j'éxaminaſſe en détail la nature des idées, des jugemens, & des raifonnemens, pour connoître mieux ce qui regarde la méthode; j'irois à mon but par la voïe de l'Analyfe.

Si je dis : l'Etre eſt ſubſtance ou mode; la ſubſtance eſt matérielle ou immatérielle; la ſubſtance matérielle eſt animée ou inanimée; la ſubſtance animée eſt animal; l'animal eſt raiſonnable ou deſtitué de raifon; l'animal raifonnable eſt homme; l'homme eſt Ariſte ou bien Eudoxe, &c. C'eſt une ſorte de compoſition; c'eſt Méthode de compoſition; en un mot, c'eſt Synthéſe.

Mais ſi je dis : Ariſte eſt homme; l'homme eſt animal raifonnable; l'animal raifonnable vit; ce qui vit eſt ſubſtance; toute ſubſtance a l'être en partage : c'eſt

pour ainſi dire , décompoſition
d'Ariſte, c'eſt une ſorte de diſſo-
lution ; en un mot, c'eſt Analyſe.

De-là deux eſpéces de Méthode , la Synthéſe & l'Analyſe.

Dans l'Analyſe & dans la Synthéſe je vais toûjours des choſes
qui me ſont plus connuës à celles
qui le ſont moins. Ainſi la lumiére de celles-là , ſert à découvrir celles-ci (1).

( ) L'Analyſe nous aide, à peu prés de la
ſorte, à nous connoître nous mêmes : j'apperçois , je iuge , & je raiſonne. Appercevoir, juger, raiſonner , c'eſt être : Donc je
ſuis , & je ſuis une choſe qui penſe. Mon
corps qui ſe diſſipe & ſe répare ſans ceſſe par
la nourriture, ne penſe pas : une nourriture
groſſiére acquereroit-elle ſous la dent, & en
paſſant dans la ſubſtance de mon corps, la faculté de penſer ? Donc ce qui penſe en moi,
n'eſt pas mon corps. Ce qui penſe en moi ,
c'eſt mon ame : donc mon ame eſt diſtinguée
de mon corps : donc mon ame n'eſt pas compoſée, ainſi que mon corps de parties indi-
viſibles. Donc mon ame ne doit pas ſe cor-
rompre lorſque mon corps ſe corrompra.
Donc mon ame ne doit pas périr avec mon
corps.

Par-là, quand il s'agit de m'inftruire, foit que je remonte des
effets à la caufe, comme lorfque
par la connoiffance de l'Univers
on s'éleve jufques à l'Auteur même de l'Univers, ou que je def-
cende de la caufe aux effets,
comme lorfque de l'idée de la fageffe infinie du Créateur on con-
clut que les êtres les plus vils &
dont l'utilité eft la moins connuë,
ne l'aiffent pas d'être utiles & af-
fortis ; j'effaye d'aller de vérités
en vérités. Et dans cette vûë ; j'ai
quelques maximes qui me paroiffent d'ufage ; feroient-elles de
vôtre goût ?

ARISTE. Elles font de vôtre
goût, & vous demandez fi elles
feroient du mien !

EUDOXE. 1. Je ne m'occupe
guéres à chercher les vérités qui
font au-deffus de la portée de notre efprit, comme un grand nombre de celles qui regardent l'in-

fini. La raison dit qu'un esprit borné n'est pas fait pour comprendre ce qui n'a point de bornes.

2. Parmi les vérités qui sont à la portée de notre esprit, je crois qu'il faut chercher sur tout celles où l'on trouve la connoissance de soi-même (1), des choses qui nous environnent, de notre état (2), de notre fin, & des moyens d'y atteindre.

(1) Se connoître bien, c'est sçavoir & ce que l'on est en soi-même, & ce que l'on doit être, soit par rapport aux autres, soit par rapport à Dieu. Mais pour le sçavoir, il faudroit s'examiner à fond ; & l'on craint de se voir de si près, de peur de voir ses foiblesses. On aime à voir celles d'autrui, & l'on ferme les yeux sur les siennes propres. Un Ami éclairé & sincere, qu'on écoutât volontiers, serviroit bien à nous dessiller les yeux à propos, & à nous donner la connoissance de nous-mêmes.

(2) Il est bon d'avoir quelque teinture des Sciences différentes ; elles se prêtent la main, & c'est un lien pour le commerce de la vie. Mais comme l'esprit est borné, & qu'il ne peut tout embrasser, il est à propos de se livrer particuliérement à quelque Science, sur tout à celle pour laquelle on a du gout & du

3. Une heureufe difpofition pour apprendre les vérités les plus convenables & les plus importantes, c'eft de fe faire un plaifir de les apprendre d'autrui. L'on ne fçait guéres quand on ne veut devoir aucune connoiffance àperfonne. La plûpart des objets font fort compofés, ils ont beaucoup de faces; & notre efprit qui eft toûjours borné, quelque perçant qu'il puiffe être, a peine à les étudier toutes; il s'attache à quelques unes. S'il les envifage toutes, ce n'eft qu'en les parcourant légerement. Mais plufieurs efprits pénétrants regardent la la même chofe par divers endroits. L'un fe fixe fur une face, le fecond fur une autre, &c. Chacun n'en confidére qu'une;

talent, & qui convient à nôtre état. Sieroit-il qu'un Homme de guerre négligeât l'art de la guerre pour apprendre le négoce? Il eft ridicule d'ignorer fon métier, pour en fçavoir un autre.

mais tous enfemble , ils les voient la plûpart ; & les lumiéres réünis découvrent le fond de l'objet. La vérité s'offre de tous côtés , quand on l'aime affez pour la faifir avec le même plaifir de quelque part qu'elle vienne , vint elle d'un enfant , d'un ennemi.

L'on met les hommes , chacun , fur les fujets qui leur font connus ; & il n'eft perfonne qui ne répande quelque lumiére. Hé, qu'importe après tout de qui l'on apprenne , pourvû que l'on s'inftruife , fans qu'il y ait de piéges à craindre ? La vérité en a-t'elle moins de prix en elle même ? Quand un homme d'efprit fçait la reconnoître par tout avec le même plaifir , non-feulement il fait éclater un vrai caractere de fageffe , mais il eft habile , ou né pour le devenir.

4. Mais fouvent la prévention nous empêche de reconnoître la

vérité lors même qu'elle vient s'offrir à nous. J'ai vû des gens réfolus, ce femble, à ne la voir que chez les Anciens ; vous en verrez qui feront déterminés à ne la voir que chez les Modernes. Les uns ne font que les échos de l'antiquité, de crainte de s'écarter des routes ordinaires, & les autres, de peur d'entrer dans les routes ordinaires, s'écartent du bon fens ; c'eft entêtement de part & d'autre. La vérité n'eft-elle pas de tous les temps ? l'efprit de parti ferme opiniatrément les yeux pour ne la point appercevoir hors de fon parti. C'eft préférer les ténébres à la lumiére, & la honte à la gloire. Qui fçait revenir de fes égaremens, rétracter même une erreur, fçait une voie fûr pour atteindre tout à la fois à la gloire & à la vérité. Pourquoi les vieillards s'irritent-ils des vérités nouvelles qu'ils ont

ignorées ? Il est vrai, c'est un reproche secret : mais n'est-il pas
toûjours beau de se détromper
& d'apprendre ?

5. Quelquefois l'on veut apprendre, & l'on n'apprend gueres,
parce que le desespoir d'atteindre
à la vérité empêche d'y parvenir ; il la fait regarder comme
inaccessible. On n'avance point
vers elle, convaincu que l'on feroit des pas inutiles. On veut
qu'une chose soit inintelligible dès
qu'on ne l'entend pas d'abord.
Mais l'ardeur de sçavoir, la constance & l'ordre dans ses recherches, dans ses études, répandent
la lumiére par tout, facilitent
tout.

6. Quelquefois, on apprend
peu parce qu'on a trop d'ardeur
pour apprendre. Une ardeur ex-
cessive de sçavoir, fait qu'on ef-
fleure tout sans rien approfondir.
La multiplicité des objets que

l'on

l'on a devant les yeux au même temps, empêche de les difcerner. Pour les voir & les connoître, il faut les voir & les examiner féparément & à loifir.

7. Ce n'eft point affez de voir & d'examiner les objets féparément & à loifir, fi l'on ne les examine avec ordre. Qui fçait s'inftruire, va par degrés. Il fe propofe d'abord l'état de la queftion nettement, exactement, d'une maniere précife; puis, il voit les parties qu'elle contient, & il les examine féparément. Il commence cet examen par les chofes les plus fimples ou les plus connuës. Il n'effaye point de fauter tout d'un coup des connoiffances les plus fimples ou les plus claires, à celles qui font les plus difficiles & les plus embarraffées. Il avance pas à pas, allant de celles qui font un peu moins compofées, ou plus aifées, à celles qui font un peu

plus compofées ou moins faciles.
Jamais il ne quitte une chofe fans
l'avoir comprife diftinctement, &
fans fe l'être rendu familiére ; &
il va d'autant plus vîte qu'il s'arrête par tout. Il repaffe d'une vûë
deux chofes, puis trois, enfuite
quatre, cinq, &c. Par-là, l'on fe
rend tout également aifé. Les
connoiffances les plus compliquées deviennent auffi faciles
que les plus fimples. Le paffage
de la cinquiéme à la fixiéme ne
coûte pas plus que celui de la
premiére à la feconde. L'efprit
acquiert de l'étenduë ; il s'accoutume à voir plufieurs vérités à
la fois (1) ; & l'on voit enfin

______

(1) La varieté des études & des occupa-
tions fucceffives peut étendre l'efprit. En lui
fourniffant un grand nombre d'idées fur divers objets, elle le met en état de porter fon
jugement fur beaucoup de chofes en peu de
temps. Le commerce du monde donne auffi
des idées, mais dont il eft plus aifé de démêler les rapports dans la tranquillité de la folitude, que dans le tracas du monde. Le com-

d'un coup d'œil ce que l'on ne voyoit que dans un détail long & succeffif.

8. Il me paroît même que le caractére de l'humeur n'eft pas une chofe indifférente. Quand une humeur eft fombre, quelques idées triftes occupent prefque toute la capacité de l'efprit. La trifteffe n'y répand pas moins les nuages que fur le front; & ordinairement l'efprit reçoit affez peu de lumiére à travers ces nuages. Au contraire la gayeté qui répand également la férénité dans l'efprit & fur le vifage, anime l'efprit, y réveille les idées, & y produit le jour.

9. Enfin dans l'agitation des paffions & dans le trouble, on n'eft guéres en état d'aller avec ordre d'idées en idées, & d'en voir

merce du monde peut éclairer : mais il a de faux principes, qu'il eft bon d'approfondir dans la retraite.

Z ij

les rapports. Il faut donc pour s'inftruire, un efprit & un cœur libres, & dirigés par l'amour feul de la vérité. Voilà mes maximes.

ARISTE. Et les miennes.

EUDOXE. Prévenu de ces maximes, foit que j'emploie l'Analyfe ou la Synthèfe pour m'inftruire, j'obferve que des vérités diverfes fe manifeftent par différentes voies à mon efprit.

Tantôt j'apperçois une vérité par une vûë immédiate du rapport réciproque de deux idées, vûë qui me fait juger néceffairement, vûë qui ne me laiffe point la liberté de foupçonner la moindre erreur dans mon jugement ; & cette vûë, je l'appelle évidence (1).

(1) Quelquefois, dans une propofition le rapport du fujet & de l'attribut eft très obf-cur ; nulle raifon d'affirmer, nulle raifon de nier ; ou les raifons pour l'affirmative & la négative font la même impreffion fur l'ef-prit : alors la propofition eft incertaine, & la fituation de l'efprit qui n'a aucune raifon fuf-

J'ai l'idée d'un Tout, par exemple, d'un Palais, & l'idée d'une partie, par exemple, d'un cabinet du Palais. Je vois immédiatement dans l'idée du tout &

fisante pour juger plûtôt d'une façon que de l'autre, est *incertitude.*

Les raisons se trouvent-elles plus fortes d'une part, mais guéres plus fortes, & encore insuffisantes ? La proposition est douteuse; & la disposition de l'esprit, qui trouve les raisons un peu plus fortes d'un côté, mais encore insuffisantes pour nier, ou affirmer, est *doute.*

Si les raisons de nier ou d'affirmer sont considérablement plus fortes ou suffisantes, mais sans calmer toutes les inquiétudes d'une juste défiance, l'affirmative ou la négative est probable ou vrai-semblable ; & le jugement est *opinion.*

Si la lumiére dissipe toutes les inquiétudes d'une juste défiance, sans qu'il y ait contradiction que l'on se trompe, l'affirmative ou la négative est certaine ; & la situation de l'esprit est *certitude.*

Il y a certitude *objective*, & certitude *formelle* ; certitude objective quand l'objet est tel qu'on le pense ; certitude formelle, lorsqu'on n'a nulle raison de se défier du jugement que l'on porte.

Enfin, à force de pénétrer les termes, on apperçoit immédiatement l'attribut dans le

Z iij

dans l'idée de la partie, le rapport de l'une & de l'autre; je vois immediatement dans l'idée du tout quelque chose de plus grand que ce que je vois dans l'idée de la partie. Cette vûë immédiate me fait juger indispensablement que le tout ne peut être sans être plus grand qu'une

sujet, ou l'idée de l'attribut dans l'idée du sujet. Alors la proposition est évidente; & la vûë immédiate du rapport des idées dans les idées mêmes, est *évidence.*

On demande à un enfant cette proposition : » Les lignes tirées du milieu d'un cercle ou „ d'une surface ronde à l'extremité qui l'en- „ vironne, sont égales, » Est-elle vraie ? L'enfant qui ne connoît pas la nature du cercle, demeure incertain. Puis trois personnes disent *non*, quatre disent *oüi* : la proposition devient douteuse pour lui. Ensuite, il mesure les lignes ; il les trouve égales : la voilà vrai-semblable, certaine même à un point. Enfin, il vient à connoître la nature du cercle; il voit dans l'idée du cercle l'égalité des lignes, & la proposition est évidente pour lui.

L'évidence est une qualité relative à l'état présent de nos lumiéres. Ce qui est incertain pour l'un, peut être évident à un autre.

de ses parties; cette vûë ne me laisse pas même la liberté de soupçonner la moindre erreur dans mon jugement. Ainsi j'apperçois & je juge par évidence que le tout est plus grand qu'une des parties qui le composent.

L'évidence a donc trois caractéres. 1. Vûë immediate du rapport des idées dans les idées mêmes. 2. Force invincible qui détermine & emporte le jugement de l'esprit. 3. Securité parfaite, qui ne laisse nulle liberté de craindre l'illusion de quelque part que ce soit (1).

(1) Il ne s'agit point ici d'une sorte d'évidence qu'on appelle évidence morale, qui peut tromper, mais à quoi la sagesse peut acquiescer; c'est une raison très forte, mais qui n'est pas infaillible. Ne confondons pas non plus le certain avec l'évidence, où l'évidence prise dans le sens propre, avec la certitude. Une chose est certaine quand on n'a nulle raison d'en douter. Une chose est évidente lorsqu'une vûë claire du rapport des idées ne permet point de n'acquiescer pas.

Z iiij

L'esprit est tellement fait qu'il ne peut se refuser à ces caractéres, ni s'égarer à leurs lumiéres.

L'évidence est donc une régle infaillible pour discerner le vrai ; regle, qu'on ne sçauroit trop employer ; regle même à laquelle seule il sied de se rendre dans les choses qui sont susceptibles d'évidence.

Tantôt je connois une vérité, non par une vûë immédiate du rapport de deux idées dans les idées mêmes ; mais par un sentiment intérieur lié nécessairement avec le rapport des idées ; & ce sentiment, je l'appelle *conscience*, témoignage de la conscience, *sentiment intime*.

Si je dis, par exemple, » mon cœur est pénétré d'amour & de » respect pour la main divine qui » l'a formé » Je connois le rapport de ces deux termes, *mon cœur, pénétré d'amour & de respect pour une main divine*, non par une vûë immediate, qui me le découvre, ce rapport, dans la comparaison réciproque des deux termes ; l'un ne renferme pas l'autre : mais par un sentiment intérieur, sentiment qui ne peut être sans ce rapport. Ainsi, je connois par le témoignage de ma conscience, ou par un sentiment intime la vérité de ce jugement : » mon cœur est pénétré d'amour & de respect pour la main divine qui l'a formé.

Un sentiment d'amour & de respect ne peut être sans le respect & l'amour ; c'est l'amour même ou le respect refléchi sur soimême en quelque sorte. La conscience ou le sentiment intime est donc, comme l'évidence, une régle infaillible pour discerner la vérité.

L'évidence ayant pour objet

immediat les idées qui represen-
tent la nature & les proprietés
des chofes, elle nous apprend
furement la nature & les proprietés des chofes. La confcience ou
le fentiment intime n'ayant pour
objet que l'exiftence des modes
de notre ame, de fes paffions,
de fes fenfations, &c. nous apprend précifément, mais furement, l'exiftence des modes de
notre ame, de fes paffions, de
fes fenfations, &c.

Quelquefois j'apperçois une
vérité, non par évidence, ou par
confcience, mais par fenfation.
Et cette fenfation, je l'appelle
témoignage des fens.

Je vois les eaux jailliffantes de
Verfailles; & je dis : » les eaux
» de Verfailles font un fpectacle
» magnifique ». Je connois le
rapport de ces termes, *eaux de
Verfailles, un fpectacle magnifique,*
non par l'évidence ou par la com-

paraifon des idées pures d'eaux de Verfailles, & de fpectacle magnifique, puifque je ne vois pas l'une dans l'autre ; non par confcience ou par fentiment intime ; la confcience ou le fentiment intime ne m'apprend que l'exiftence des chofes qui fe paffent dans mon ame : mais par fenfation, c'eft-à-dire, par une impreffion que les fens frappés par les eaux, font naître dans mon ame, & qui me les fait envifager comme un fpectacle magnifique. Ainfi je juge par le témoignage des fens que les eaux de Verfailles font un fpectacle magnifique, je juge de même de tous les objets fenfibles.

ARISTE. Le témoignage des fens eft-il toûjours bien vrai ?

EUDOXE. Non. Souvent même il eft trompeur. Il diminuë la grandeur apparente des objets éloignés. Ce grand Chêne, qui, selon l'expreſſion des Poëtes ; porte ſa cime vers les Cieux, eſt très petit à une certaine diſtance. Je leve mes regards vers le Soleil ; il me paroît large, au plus, d'un pied & demi ; & les plus habiles Aſtronômes le font un million de fois plus grand que la Terre.

ARISTE. Un million de fois !

EUDOXE. Cette grandeur vous effraye ; & il y en a qui font le Soleil plus grand encore. Quoiqu'il en ſoit, un bâton droit me ſemble rompu dans l'eau. La bile répandu ſur l'organe du goût fait trouver inſipides les mets les plus exquis. Dans telle maladie, vous diriez que tous les objets ſont jaunes ; & les verres colorés donnent leurs couleurs aux objets.

ARISTE. Ces témoignages trompeurs ſe rectifieroient-ils.

EUDOXE. Oüi. Quand je vois le Soleil si petit, je consulte la raison. La raison me dit que la distance, selon les observations ordinaires, diminuë la grandeur apparente des objets sensibles, & que le Soleil étant éloigné de nous, il doit être plus grand qu'il ne paroît à nos Sens. Ainsi la raison découvre l'illusion des sens (1).

(1) Les Sens diminuent la grandeur des objets qui s'éloignent de nous ; la raison la rétablit. Les Sens transportent dans la nuë le son que nous entendons lorsqu'il tonne ; & la raison qui sçait qu'il n'y a dans la nuë qu'un fluide agité, nous apprend que ce son n'est proprement que dans notre ame. Ainsi les Sens trompés répondent sur la surface de l'Univers des qualités sensibles, qui ne sont, comme la raison le dit, que dans le fond de notre ame. Les Sens approuvent ce qui paroît ; la raison, ce qui est. Les Sens voyent les Phénoménes ; la raison en découvre les ressorts secrets : les Sens s'arrétent sur la surface de l'Univers, la raison va jusques à ce qu'il y a de plus intime. Les Sens sont bornés à quelques effets de la nature apperçûs imparfaitement ; la raison s'éleve jusqu'à l'Auteur même de la nature.

Un bâton me femble rompu dans
l'eau : je le touche ; & le toucher m'apprend la chofe comme elle eft. Je fufpens mon jugement, jufqu'à ce que la bile
foit diffipée ; & je trouve dans les
mets exquis un goût exquis. Je
me borne à juger de l'exiftence
des objets colorés, fans juger des
couleurs, qui paroiffent répanduës fur eux, ou de leurs qualités
accidentelles ; & je ne me trompe point.

Par conféquent, on peut compter fur le témoignage des fens à
certaines conditions. 1. Que la
raifon favorife le rapport des fens.

Les Sens nous follicitent à lui refufer les
hommages qu'il merite, & la raifon nous
anime à les lui rendre.

Les Sens ne connoiffent que les biens paf-
fagers ; la raifon voit un bonheur durable
dans l'avenir. La raifon eft donc un guide
bien plus fûr que les Sens, un guide qu'on
peut & que l'on doit fuivre pour éviter les
erreurs des Sens.

2. Que plufieurs Sens, s'il fe peut atteftent la même chofe. 3. Que le témoignage foit conftant, & dife la même chofe en divers temps, à diverfes reprifes. 4. Qu'il tombe fur l'éxiftence des corps, plûtôt que fur leurs qualités accidentelles.

ARISTE Je conçois qu'en fuivant ces régles, on peut fe fier à fes Sens.

EUDOXE. Nul motif de s'en défier, la prudence ne le permet pas. Néanmoins leur témoignage n'eft pas infaillible, comme celui du fentiment intérieur, ou de l'évidence. La certitude ou l'affurance qu'il donne n'eft point parfaite. Dieu ne peut-il point par un miracle déroger aux loix ordinaires de la Nature? Mais fur le rapport légitime des Sens, je fuis auffi fûr de ce qui m'apprennent, que je fuis fûr que Dieu ne déroge point par un miracle aux loix ordinaires de la Nature. La certitude ou l'affurance que me donne le rapport de mes Sens, répond à la certitude que j'ai qu'il ne fait point actuellement un miracle qui me faffe appercevoir les chofes autrement qu'elles ne font, ou qu'un Etre fupérieur ne me trompe point. Je n'ai nulle raifon de croire qu'un Etre fuperieur me trompe, ou qu'il fe faffe actuellement un miracle, qui prefente à mon efprit les chofes autrement qu'elles ne font. Ainfi je n'ai nulle raifon de me défier de mes fens, quand j'obferve les régles qui rendent leur témoignage légitime.

Quelquefois le fecours des fens m'aide à découvrir une vérité que les hommes m'apprennent ; & cette voie, je l'appelle le témoignage des hommes ou l'autorité humaine.

Quand on dit, par exemple ;

» le

» le féjour ordinaire des Souve-
» rains Pontifes, c'eſt Rome : »
comment vois-je le rapport de
ces termes, *Rome, féjour ordinaire
des Souverains Pontifes ?* Par les
relations de ceux qui ont vû Rome, & les Souverains Pontifes
dans Rome.

ARISTE. Je ne demande pas ſi
le témoignage des hommes eſt
certain ou incertain. Il eſt aſſez
clair, ce ſemble, qu'il eſt l'un
& l'autre, à peu-près également.

EUDOXE. Il faut l'avoüer, les
hommes ſont ſujets à tromper,
ſoit parce qu'ils ſont trompés
eux-mêmes, ou parce qu'ils trouvent leur compte à tromper.
L'Imprudence parle ſans ſçavoir,
la malice feint de gayeté de cœur,
la haine empoiſonne les choſes,
l'amour les embellit, l'intérêt
imite tantôt l'amour, tantôt la
haine; la paſſion régle le langage.

Nos amis, nos protecteurs font modeftes, généreux, éclairés, fages; la juftice & la raifon les accompagnent toûjours. Nos ennemis font fiers, avares, infenfés; la raifon & la juftice font toûjours loin d'eux. Selon que l'on eft ami ou ennemi, libéral ou intéreffé, riche ou peu accommodé, mélancholique ou gai, tranquille ou inquiet, on voit & l'on parle différemment.

Les mêmes mots, les mêmes expreffions ne fignifient pas la même chofe dans le commerce des hommes, que dis-je? dans la bouche des mêmes perfonnes. Un crocheteur traite un crocheteur de fripon : cela veut dire feulement, que l'un eft irrité contre l'autre : ainfi les mots expriment fouvent les paffions plûtôt que les -idées. Mais un homme grave & conftitué en dignité traite-t'il de même un homme de quelque rang ? Cela veut dire que l'un eſt tel que l'autre le peint. Les mêmes choſes dites ſerieuſement & ironiquement ont des ſens oppoſés ; ce ſont des loüanges & des mépris.

Il ne faut guéres compter ſur les expreſſions que la politeſſe employe. Elles ſignifient quelques égards établis par l'uſage. Tel qui vous écrit poliment, ou qui vous dit d'un air gracieux qu'il eſt bien vôtre ſerviteur, ne reſpire que l'occaſion de vous deſſervir. Un geſte, l'air d'une perſonne, un ſilence affecté peut être une cruelle Satyre. Tel ne loüe que pour rendre ridicule. Souvent la louange n'eſt ni la preuve du mérite de ceux qu'on loüe, ni le gage du diſcernement de celui qui loüe ; c'eſt le langage de l'inclination, de la coûtume, ou de l'interêt.

L'eſtime eſt un hommage ſin-

cere qui part d'une ame perſua-
dée & touchée. Mais la loüange
eſt plûtôt un trait ingénieux,
qu'un trait reſſemblant; ce n'eſt le
plus ſouvent qu'un ſon vain qui
ſort de la bouche, & que le cœur
qui le déſavouë, n'emploie que
pour nous ſurprendre. On applaudit tout haut à ceux de qui l'on
dépend, on les plaint & l'on s'en
mocque en ſecret. Les termes
métaphoriques, le langage figuré, le ton de la voix, des tours
brillants & animés ſont encore à
craindre. En préſentant des images ſenſibles, ils produiſent de
fortes ſenſations, des ſentimens
vifs qui plaiſent bien plus que les
idées foibles. Les fortes ſenſations, les ſentimens vifs nous en-
traînent ; & l'on ſe livre ſans
examen. Un Ambitieux qui parle
des honneurs, un débauché qui
s'exprime ſur ſes voluptés, un
profane qui s'égaye ſur les choſes

les plus refpectables, s'énoncent quelque fois avec tant de force, de charme & d'afcendant, que ceux qui ne font pas fur leurs gardes, font étonnés de fe trouver perfuadés, comme malgré eux. De-là les petits genies qui ne s'occupent que de fentimens, & qui n'ont pour régles que des fentimens agréables & defagréables, vont toûjours flottants d'illufions en illufions. Eloges & mépris, amis & ennemis, amufemens, difcours férieux, tout tend des piéges à la vérité.

A R I S T E. Hé, comment s'y prendre, Eudoxe, pour difcerner le vrai parmi tant de fauffes couleurs de l'autorité humaine ?

E U D O X E. Dans les chofes purement naturelles, & que l'on peut éclaircir jufqu'à l'évidence, l'autorité d'un homme, fût-il ri-

che, puiſſant, noble & ſçavant,
fût-il l'admiration de l'Univers,
n'eſt pas infaillible. Il peut ſe
tromper ; ſouvent même il ſe
trompe, ſe flattant d'avoir appro-
fondi ce qu'il n'a point aſſez
examiné. Sans avoir autant de
pénétration & de lumiére, l'on
peut ſe trouver placé par hazard
dans un point de vûë, d'où l'on
voit ce que les autres n'ont point
apperçu. Je reſpecte l'autorité :
mais je veux être éclairé. Je vois
ce qu'on avance, quel en eſt le
ſens, ce que les termes de la propoſition ſignifient ſéparément, &
enſemble, ſi le rapport qu'on leur
attribuë, a de la vtaiſemblance,
ou non. Je propoſe mes difficultés, autant que la décence le permet, juſques à ce que la lumiére
brille à mes yeux, & me faſſe
voir nettement dans le ſujet l'attribut ou l'excluſion de l'attribut

d'une propofition. En un mot, j'attens l'évidence, & je m'y rends (1).

Dans les chofes qui ne font pas fufceptibles d'évidence, dans les chofes où l'on n'eft pas en état de juger par foi-même, quand il s'a-

(1) Platon, Ariftote, Cicéron, Clement d'Alexandrie, &c. ont cru qu'il falloit écouter la raifon plûtôt que l'autorité dans les chofes naturelles, qui font du reffort de la raifon. Aimons Socrate, difoit Platon, mais aimons encore plus la verité (*a*); maxime dont Ariftote s'eft fervi contre Platon (*b*). Dans l'examen des opinions, dit Cicéron, il faut écouter, non l'autorité, mais les raifons (*c*). Auffi felon Clement d'Alexandrie (*d*), les vrais Philofophes ne font pas ceux qui font profeffion de fuivre Platon, Ariftote, Zenon ou Epicure; mais ceux qui fçavent faifir la verité de quelque part qu'elle vienne. Dans l'étude de la nature, le fage prend pour guide, non une fecte, mais la fageffe même.

(a) *Plat. in Criton.* (b) *Arift. Ethir. l. 1. cap.* 4. (c) *Non tam auctores in deputando, quam rationis momenta quærenda funt. Cic. de nat. Deor. l. 1.* (d) *Clem. Alex. Strom. l. 1.*

git d'un fait, il faut bien s'en rap-
porter à l'autorité : mais j'en examine le poids. Cet Avocat qui
parle fur un procès, ce Théolo-
gien qui décide fur un point de
confcience, ou fur un dogme ;
ce Medecin qui s'explique fur ce
qui regarde la fanté, eft-il homme droit, fage, habile dans fon
métier. En général, celui qui me
dit, qui m'apprend quelque chofe, eft-il fincere, fans paffion,
inftruit? Comment s'eft-il inftruit?
(1) Eft-il témoin oculaire, ou appuyé fur de bons garants? Eft-il
circonfpect à prendre fon parti,
refervé à ne parler que des chofes où il eft verfé, conftant à tenir
le même langage ? Voilà ce que

(1) Un Homme dit qu'il a fait une expérience, une obfervation finguliére. Je veux
qu'il en marque le temps & le lieu ; les moyens
qu'il a employés ; la maniére dont il s'y eft
pris. La vûë des circonftances m'affûre qu'on
ne m'en impofe pas.

j'examine,

j'examine, & nous sçavons assez par l'expérience, que l'autorité d'une personne qui a ces qualités ne trompe guéres (1).

La multitude des témoins fortifie leur témoignage (2). Un grand nombre de personnes du caractére que j'ai dit, ont-elles rendu de tout temps le même témoignage sur un fait ? Ce témoignage vaut celui de nos Sens. Je suis aussi certain que Rome existe, quoique je ne l'aie pas vû, que je suis sûr de voir Paris à ce moment, à cause du grand nombre de personnes sages, sincéres & judicieuses qui ont parlé de Rome.

(1) Sans doute il importe de bien choisir son guide dans les Sciences, puis qu'assez ordinairement on apprend & la méthode & les idées.

(2) Plusieurs Historiens ou Contemporains, ou qui ont écrit sur le rapport des Contemporains, sans varier, ont un caractere particulier de verité ; mais, sur tout, les Contemporains qui ont eu part aux affaires, ou qui en ont été les témoins oculaires.

B b

Quand le témoignage légitime des hommes est accompagné
de celui de plusieurs Sens, ou
que le témoignage légitime de
plusieurs Sens est accompagné
de celui des Hommes; comment
s'y refuser ? La vûë, par exemple, & l'odorat conspirent depuis
un certain nombre d'années à me
persuader que le Parterre des
Thuilleries est émaillé de Fleurs
au Printemps ; tout le monde le
dit ; nulle expérience contraire.
Un témoignage de ce caractére
peut-il être suspect ?

ARISTE. Après tout, Eudo-
xe, quelle liaison y-a-t'il donc
entre les choses qui font hors de
nous, & les idées qui font dans
notre esprit ?

EUDOXE. 1. Par les idées
nous sçavons certainement, que
si les objets existent tels que leurs
idées les représentent, ils ont
telles & telles proprietés, c'est-

à-dire, les proprietés que nous voyons dans leurs idées ; par l'idée de l'Homme, nous voyons que s'il y a des êtres conformes à cette idée, ils font capables des Sciences. 2. Ayant la plûpart de nos idées par les impreſſions qui ſe font ſur nos Sens, comme les idées de Quarré, de Cercle, de Sphere, d'Arbre, &c, pouvons-nous douter qu'il y ait hors de nous des objets qui les produiſent, qui les occaſionnent, du moins, par leur reſſemblance avec elles ? Les Hommes ſont faits de maniere qui ne ſçauroient guéres en douter ; & s'ils eſſayent d'en douter, leur conſcience, ou la raiſon, ce ſemble, leur reproche leurs efforts inſenſés. 3. Sur les idées de lame d'Acier, de Fuſée, de rouës qui s'engrainent, de mouvement, de combinaiſon, un Homme s'efforce de faire une Montre. Le ſuccès ſemble repondre à son attente. Il fait de nouveaux efforts ; toûjours même succès. Il voit des personnes sages qui lui applaudissent là-dessus en divers temps ; rien qui lui dise le contraire. Doutera-t'il que les objets de ses idées soient réels? Comment douter que les objets de nos idées soient réels, lorsque tout nous dit sans contradiction & constamment qu'ils le sont ? La bonté divine ne sçauroit permettre là-dessus une illusion continuelle.

ARISTE. Je le crois.

EUDOXE. Pour prévenir les piéges tendus à la verité par l'ambiguité des expressions, je fais attention à l'usage, aux sens qu'on leur donne en diverses circonstances dans le commerce du monde ; j'examine qui parle, à qui l'on parle, comment on parle, de quel air, si l'on parle sérieusement ou non ; si l'on est desinté-

reſſé, ſi l'on a du goût, du ſçavoir, du diſcernement ; ſi c'eſt la
ſincerité, la droiture, la politeſſe, la flatterie, ou la paſſion qui
s'explique. Lorſque je vois tel
blâmer ou loüer, je conclus ſeulement qu'on lui revient, ou qu'on
ne lui revient pas, qu'on eſt, ou
qu'on n'eſt pas dans ſon parti,
qu'on eſt de ſes amis, ou non.
Il eſt des gens outrés qui ne ſçauroient garder un juſte milieu, ni
dans leurs louanges, ni dans leurs
mépris. Tout ce qu'ils mépriſent
eſt déteſtable ; tout eſt admirable
dès qu'ils font tant que de loüer.
Pour évaluer ces expreſſions en-
flées, je commence par en rab-
battre la moitié, du moins.

A R I S T E. Je conçois que ces
précautions préviennent l'erreur.

E U D O X E. Enfin, j'apprens la
vérité par la voix de Dieu même, & la ſoumiſſion de mon eſprit à l'autorité de la parole di-

vine ; c'eſt ma Foi. Quand on dit, par exemple, ,, Dieu eſt un ,, en trois perſonnes, ,, je découvre dans l'autorité infaillible de Dieu qui nous a revélé lui-même ce myſtére ſublime, le rapport des deux termes, *Dieu, un en trois perſonnes ;* & dès que l'Egliſe, qui eſt la régle viſible de ma Foi, m'a déclaré le ſens de la parole divine, il eſt impoſſible que je m'égare en y conformant ma penſée.

ARISTE. C'eſt-à-dire, que l'évidence, le ſentiment intime, le témoignage des Sens, l'autorité humaine, & l'autorité divine, ſont autant de moyens de diſcerner la vérité.

EUDOXE. Moyens divers, qui ſont d'uſage dans la lecture, dans la méditation, dans l'étude, ſur tout quand on ſçait lire, méditer, étudier. La lecture des bons Livres nous éclaire, pourvû qu'on sçache l'art de lire. Car souvent on lit sans sçavoir lire. Les uns ne lisent point assez ; & faute de lire assez, ils n'ont point assez d'idées des choses pour en juger. Leurs connoissances demeurent bornées dans une Sphére fort étroite ; & avec beaucoup d'esprit, ils ont peu de lumiéres : D'autres lisent trop, ce semble, & sans choix. De-là, une foule d'idées foibles, confuses, & mal assorties, venant s'offrir tumultuairement à l'esprit, ils forment sur mille objets des jugemens confus, déplacés, bisarres. Ils sçavent beaucoup, mais ils sçavent mal ; ou plûtôt, à force de sçavoir, ils ne sçavent rien. Ils ont, au plus, dans la mémoire un cahos monstrueux de vérités & d'erreurs. On compare un homme qui lit rapidement beaucoup de volumes à un Voyageur rapide, qui, après avoir parcouru

bien des contrées, n'en connoît
ni les loix, ni les mœurs. Il y
en a qui lifent avec choix, ni
trop, ni trop peu, mais fans méditer, fans pénétrer le fens des
expreffions, fans examiner la fuite & l'enchaînement des chofes,
fans pefer les preuves. Ils ne pren-
nent dans la lecture que des idées
légeres, qui ne faifant, pour ainfi
dire, qu'effleurer l'efprit, s'effa-
cent bien-tôt, & le fouvenir des
chofes qu'ils ont lûës, finit avec
la lecture même.

Il faut donc lire : la lecture
donne en peu de temps des idées
qui font la matiére de nos jugemens, mais il faut lire avec choix
& dans les bornes. Vainement
on lit dans les bornes & avec
choix, fi tout échappe. Il faut
donc de la mémoire. La mémoire eft le Tréfor où l'on retrouve
les richeffes acquifes dans la lecture; & en offrant à nôtre efprit

le passé, elle nous éclaire pour l'avenir. Or, la mémoire est le fruit de l'attention. Comme on oublie bien-tôt ce que l'on n'a fait qu'effleuret, on se rappelle aisément les choses qu'on a méditées attentivement. Réfléchir sur ce qu'on lit, s'assurer du sens des expressions en consultant l'usage, distinguer le sens littéral d'avec le sens figuré, se faire une habitude de s'arrêter de temps en temps pour se demander ce qu'on lit, comment le sujet est traité, quelles preuves on donne, quelle est la force des preuves, l'enchaînement des articles, faire un précis net, éxact de ce qu'on lit, l'écrire, en parler, l'enseigner ; ce sont autant de voies efficaces pour le graver dans l'esprit, pour le retenir, pour l'approfondir, & pour y démêler la vérité.

Mais avant que de se mettre en

peine de retenir les chofes, il faut
voir fi elles le méritent. Le plaifir de la lecture n'eft pas toûjours
un garant fûr de la folidité des
chofes qu'on lit. L'art, le langage, les figures qui touchent l'i-
magination, furprenent nôtre eftime. Et à quoi bon une mémoire chargée de riens, de mots vui-
des de fens, ou d'erreurs pires
encore que l'ignorance ?

Quelquefois on lit des chofes
qui méritent d'être gravées dans
l'efprit; Mais la prévention nuit
à la lecture. Le nom, le pays,
& la profeffion de l'Auteur, font
voir dans fon Livre ce qui n'eft
pas, ou empêche d'y voir ce qu'on
y lit.

Lit-on avec une hypothéfe en
rête ? Affez ordinairement on
trouve, à quelque prix que ce
foit, ce qui la favorife, fans appercevoir ce qui la détruit. Que
dis-je ? Combien de fois l'entê-

tement des hypothéfes a-t'il fait regarder en dépit de la raifon, comme fuppofés les ouvrages les moins fuppofés ? Donc pour juger fûrement des chofes qu'on lit, il faut avoir l'efprit occupé précifément des chofes mêmes.

Quand on ne cherche que la vérité, l'on profite volontiers des lumieres de ceux mêmes qui font de même métier. On lit, comme nous l'avons dit, on écoute de même. Mais fi l'on ne fait que lire, ou écouter, on rampe fur les traces des autres. A force de fe plier à leurs penfées, on ne penfe pas mieux. C'eft en méditant (1) fur ce qui fe paffe en nous, c'eft en étudiant la Nature dans

(1) La méditation demande de la tranquilité. Or, l'on eft tranquille loin du bruit & dans la folitude, qui nous livre à nous-mêmes. On eft tranquille dans les heures du matin, où les impreffions qui pourroient amufer & diftraire, font effacées ou affoiblies par le fommeil de la nuit.

elle-même, c'eſt par les obſervations que l'on-fait, c'eſt par des
méditations profondes ſur ce
qu'on lit, ſur ce qu'on entend,
ſur ce qu'on éprouve, ſur ce
qu'on voit dans le commerce du
monde, ſur la ſurface de la Terre
& dans les Cieux, que l'on acquiert des connoiſſances nouvelles, & que l'on fait des découvertes utiles & capables d'enri-
chir les Sciences.

Enfin l'on ne peut douter de
tout. Il y a des choſes évidentes ;
mais il y en a beaucoup qui ne le
ſont pas. On peut les examiner
comme ſi elles étoient douteu-
ſes ; & l'examen produit la lumiére.

Voilà quelques maximes, quelques moyens par où j'eſſaye de
m'inſtruire.

ARISTE. Et par où, ce me
ſemble, vous inſtruiſez les autres.

EUDOXE. S'il me convenoit d'instruire, ce que je ne présume pas, je me souviendrois toûjours, ce me semble, que la pesanteur & l'impolitesse d'une personne qui parle, ne prévient guéres en faveur des vérités qui peuvent sortir de sa bouche. Il est difficile de rebuter par ses maniéres & faire goûter ce que l'on dit. Quelquefois on ne fait que donner aux génies les plus heureux de l'éloignement pour ce qu'on veut leur apprendre.

Comme je fais volontiers des questions jusques à ce que je voie clair, je serois ravi que l'on m'en fît sans se payer de mots ; & je me ferois un plaisir d'éclairer. Je ne crois pas que j'imitasse certaines gens, qui ne sont guéres moins avares de leurs lumiéres que de leur argent. Vous diriez qu'ils craignent de s'appauvrir en enrichissant les autres. Ne se trompent ils pas? en faifant part de nos idées, nous nous les rendons plus familiéres ; & devenuës plus familiéres, elles font plus efficaces pour en produire de nouvelles. Un excellent moyen de s'inftruire, c'eft d'inftruire les autres. D'ailleurs, affecter de cacher les routes fecretes que l'on fçait pour atteindre à la vérité, c'eft aimer une vaine fumée de gloire plus que la vérité même (1). Quand les chofes méritent d'être communiquées, on ne fçauroit les communiquer trop tôt ; c'eft un préfent qu'un homme doit au refte des hommes. La vérité ne fe manifefte à nous que pour devenir un bien commun.

---

(1) Nous aïmons à voir le progrès d'une découverte, par quelles voies, par quelles expériences on l'a faite, les moyens mêmes qu'on a tentés fans fuccès. La connoiffance de ceux-ci nous empêche de perdre le temps à les effayer ; la connoiffance de celles-là nous dirige dans des recherches utiles.

Dans la vûe d'engager à la recherche de ce bien, j'effayerois d'abord d'en montrer le prix & de le faire aimer. Dès qu'on eftime un bien & qu'on l'aime d'un amour fincére & dominant, on faifit les moyens de le poffeder ; on eft attentif, on ne néglige rien, rien ne coûte. Je m'appliquerois donc à perfuader que nous n'avons reçû le don de l'intelligence, & le defir de fçavoir, que pour connoître notre propre fonds, ce qui nous environne, notre origine, notre fin ; que les hommes ont cru devoir de tout temps à ces connoiffances un tribut d'eftime, de loüanges & d'admiration, tandis qu'ils n'ont eu que du mépris pour l'ignorance & pour le menfonge ; qu'enfin, c'eft plûtôt par les richeffes de l'efprit que par celles de la Fortune qu'on ceffe de ramper avec le refte des hommes. Rien n'a-

brege plus le chemin qui mene à
la vérité que l'eſtime qu'on en fait
& l'envie d'y parvenir.

Je ferois obſerver en détail que
la Logique, en apprenant l'art
de penſer, rend l'homme raiſonnable, ou que nous devons aux
Mathématiques les avantages du
calcul, la connoiſſance des temps,
l'utilité des Machines, & l'agré-
ment de l'Architecture ; que la
Juriſprudence nous dicte les loix
de l'Équité ; que la Morale nous
découvre la beauté de la vertu &
la noirceur du vice ; que l'Hiſtoire qui nous remet devant les
yeux l'Antiquité, nous offre des
exemples capables d'inſpirer à la
fois l'horreur du vice & l'amour
de la vertu ; que la Phyſique, en
nous faiſant parcourir ſur ſes pas,
les ouvrages de la Nature, nous
éleve agréablement, & comme
par degrés, juſqu'à l'Auteur de
l'Univers ; que la Métaphyſique

nous

nous dévoile non feulement les myftéres de notre Ame, mais encore l'excellence des perfeɔions divines, & que la Théologie, qui fonde les profondeurs des voyes de Dieu, nous apprend le fecret de le poffeder.

Après cela, 1. Je commencerois par pofer des principes clairs (1) & dont la lumiere pût répandre du jour fur ce que j'aurois à dire.

2. Je donnerois une idée precife de ce que j'aurois à traiter, le démêlant de tout ce qui pourroit le confondre & l'obfcurcir.

3. Point d'expreffions ambiguës à quoi je ne donnaffe un fens fixe & net. Je diviferois donc ce qui pourroit paroître équivoque & trop compofé.

______

(1) Il faut que les principes d'une Science foient fi clairs, que ceux mêmes qui n'ont aucune teinture de cette Science, puiffent les concevoir.

Cc

4. Je définirois exactement chaque membre de la division.

5. Je ferois l'application des définitions avec les preuves les plus propres à éclaircir les choses : car l'esprit est toûjours inquiet jusqu'à ce que la preuve l'éclaire. Il veut sçavoir & ce qui est & pourquoi il est. Si vous me faisiez par exemple, cette question : » l'homme vertueux est-il « heureux dans cette vie « ?

Je distinguerois deux sortes de bonheur , un bonheur parfait, & un bonheur imparfait. Puis, je définirois chaque espéce de bonheur ; je déterminerois dans quel sens l'homme vertueux est heureux, ou non, & j'en apporterois la raison.

Deux sortes de bonheur , dirois-je, un bonheur parfait, & un bonheur imparfait. J'appelle bonheur parfait, une joye parfaite & inaltérable. J'appelle bonheur imparfait, la joüiſſance d'un bien que l'on peut perdre, mais préférable à tous les autres biens de la vie.

L'homme vertueux n'eſt pas heureux en ce ſens, qu'il poſſede un bonheur parfait ; parce que la vertu ne donne point dans cette vie une joye parfaite & inaltérable. La vertu ne nous rend pas inacceſſibles à toutes ſortes de peines & de ſollicitudes ; & c'eſt un bien que l'on peut perdre. Mais l'homme vertueux eſt heureux en ce ſens, qu'il poſſede un bonheur imparfait ; puiſqu'il joüit d'un bien qu'il peut perdre, il eſt vrai, d'un bien qui ne tarit pas la ſource de toutes les peines poſſibles ; mais d'un bien qui eſt le bien le plus ſolide de la vie, d'un bien dont la poſſeſſion eſt toûjours en notre pouvoir, d'un bien qui a des douceurs ineffables , & toûjours ſans remords ; d'un bien

enfin, que la plus belle efpé-
rance accompagne.

Je voudrois donc conduire
l'efprit de vérités en vérités, &
que la lumiére de la premiére vérité portât le jour dans la feconde ; la feconde, dans la troifiéme,
&c, enforte qu'il ne fût pas plus
difficile de paffer de la fixiéme à
la feptiéme, que de la premiere à
la feconde ; ce qui arrive lorfque
la feconde n'eft guéres plus chargée de circonftances que la premiére, la troifiéme que la feconde &c. Mais il faudroit pour cela, que l'efprit fe rendît les vérités précédentes bien familiéres.
Le paffage d'une vérité éloignée
& compofée à une vérité plus
éloignée encore & plus compofée, n'eft auffi facile que le paffage du principe aux premieres
conclufions, que lorfque l'efprit
comprend une vérité éloignée &
compofée, comme il conçoit un

premier principe. Je conseille-
rois donc de ne paſſer à de nouvelles vérités que lors que les précédentes feroient pénétrées auſſi
parfaitement que la premiére, &
bien gravées dans l'eſprit & dans
la mémoire.

En un mot, je commencerois
toûjours par les vérités les plus
connuës, & je continuerois par
les plus immédiates, n'employant
aucun mot qui ne marquât une
idée bien nette & bien déterminée. Et je ferois ravi que l'on
ſuſpendît ſon jugement juſqu'à
ce que l'on vît ma penſée, & la
raiſon d'y acquieſcer.

Le caractére du Syllogiſme
ou du raiſonnement compris en
trois propoſitions, eſt de conduire l'eſprit des vérités connuës
à celles qui ne le font pas, ſans
l'embarraſſer par un nombre exceſſive de propoſitions. Je me
fervirois donc volontiers du Syl-

logifme; mais en particulier de
cette efpéce de Syllogifme ou de
raifonnement dont chaque pré-
miffe eft accompagnée de fa preuve (1) ; parce que chaque pré-
miffe étant accompagnée d'une
preuve courte, elle laiffe moins
d'inquiétude dans l'efprit impa-
tient de voir la preuve de ce que
l'on avance, & qui ne veut point
qu'on exige qu'il fe rende à ce
que l'on ne prouve pas.

Si je difois, par exemple:

> » Ce qui nous affûre le Ciel , mérite
> » tous nos foins, puifque l'on joüit
> » dans le Ciel d'un bonheur parfait.
> ¿, Or , la vertu nous affûre le Ciel ; car
> „ felon l'Ecriture, le Ciel eft la ré-
> „ compenfe de la vertu :
> „ Donc la vertu mérite tous nos foins;

l'efprit feroit éclairé , & tranquille. Tirant une conclufion de
deux propofitions prouvées &
manifeftes, il feroit d'autant plus

____

(1) Pag. 203.

fatisfait, qu'il n'auroit pas la peine d'employer d'autres raifonnemens pour éclaircir les prémiffes.

Si quelque propofition étoit incertaine, ou qu'elle eût befoin
d'éclairciffemens, j'aimerois à les
donner par un enchaînement de
propofitions fuivies, jufqu'à ce
que je vinffe à une propofition évidente, avec laquelle elle fût liée
évidemment; alors je remonte-
rois jufqu'à la premiére, pour en
faire mieux fentir la liaifon avec
la propofition évidente; & je ti-
rerois la conclufion.

Si l'on me demandoit, par
exemple : de ces deux propofitions qui regardent l'avenir, » le
» Monde finira, le Monde ne fi-
» nira pas, » l'une eft elle vraie,
& l'autre fauffe ?

Je dirois : une propofition eft
vraie quand elle eft conforme à
fon objet ; une propofition eft
fauffe quand elle n'eft pas con-

forme à son objet, puisque la vérité d'une proposition consiste dans la convenance de la proposition & de l'objet, & la fausseté, dans la différence de l'objet & de la proposition : or, de ces deux propositions, » le Monde finira, » le Monde ne finira pas ». L'une est conforme à son objet, l'autre n'est pas conforme à son objet. Car une proposition qui énonce la chose comme elle est, est conforme à son objet ; une proposition qui énonce la chose autrement qu'elle n'est, n'est pas conforme à son objet ; cela est clair : or, de ces deux propositions, » le Monde finira, le Monde ne finira pas » l'une énonce la chose comme elle est, l'autre énonce la chose autrement, qu'elle n'est : car enfin, le Monde finira, ou non ; point de milieu. Si le Monde finit, la proposition affirmative » le Monde finira » énonce la chose comme

elle

elle eſt ; & la propoſition négative, » le Monde ne finira pas »,
énonce la choſe autrement qu'elle n'eſt. Si le Monde ne finit pas,
la propoſition négative » le Mon-
» de ne finira pas » énonce la choſe comme elle eſt, & la propoſition affirmative « le Monde fini-
» ra, » énonce la choſe autrement
qu'elle n'eſt : donc de ces deux
propoſitions , » le Monde finira,
» le Monde ne finira pas », l'une
énonce la choſe comme elle eſt ,
l'autre autrement : donc l'une eſt
conforme à ſon objet, l'autre ne
l'eſt pas : donc l'une eſt vraie, &
l'autre eſt fauſſe ; ce qu'il falloit
démontrer.

S'il étoit queſtion de faire ſentir qu'un homme ſage évite le caraĉtére de médiſant : on pourroit le faire de la ſorte , à peu
près :

Un Homme ſage évite un caraĉtére
dangereux :

D d

Or, le caractére de Médifant, eſt un
caractére dangéreux.

Car un caractére qui attire de mauvaiſes affaires, eſt un caractére dangéreux :

Or, le caractére de Médifant attire de
mauvaiſes affaires.

Le caractére de Médifant attaque l'honneur d'autrui :

Or, un caractére qui attaque l'honneur
d'autrui, attire de mauvaiſes affaires.

En effet, un caractére qui allume la
vengeance, attire de mauvaiſes affaires.

Or, le caractére qui attaque l'honneur
d'autrui, allume la vengeance comme il arrive tous les jours :

Donc le caractére qui attaque l'honneur d'autrui, attire de mauvaiſes
affaires :

Donc le caractére de médifant attire de
mauvaiſes affaires :

Donc le caractére de Médifant eſt dangéreux :

Donc un Homme ſage évite le caractére de Médifant.

Par ces efpéces d'enchaînemens de propofitions & de raifonnemens l'efprit fe fait à des raifonnemens fuivis , & s'accoûtume à aller de propofitions en propofitions, de raifonnemens en raifonnemens jufques à l'évidence, où il eft tranquille (1).

Je n'entafferois pas volontiers preuves fur preuves , à moins qu'il ne fût queftion de prouver un fait par les circonftances. Affez fouvent un grand nombre de preuves fatigue plus qu'il n'éclaire.

ARISTE. Elles font démonftratives, ou non : le font-elles ? Une fuffit pour convaincre : ne le font-elles pas ? La multitude ne fert guéres qu'à montrer l'impuiffance où l'on eft de démontrer ce que l'on

____

(1) Ces enchaînemens de propofitions & de raifonnemens ne font point d'ufage dans les converfations ordinaires : mais ils peuvent l'être dans les Sciences, & dans la difcuffion des chofes compliquées & embarraffées.

veut prouver. Les meilleures ont la force des autres & quelque chofe de plus, fans charger la mémoire ; & la lumiére de celles-là court rifque d'être étouffée par le nombre de celles-ci.

EUDOXE. J'aimerois qu'on me fît des objections folides, nettes, précifes, dégagées d'expreffions inutiles, dures, impolies. Des réponfes de ce caractére achevent d'éclairer l'efprit & d'y mettre le calme en diffipant les inquietudes qui l'agitent jufqu'au moment de la conviction.

La difpute où l'on répond de la forte à des objections de ce caractére, rend l'efprit d'autant plus attentif, & l'étend d'autant plus qu'il faut trouver fur le champ des raifons pour défendre le parti qu'on a pris. Et l'efprit tout occupé de ces raifons donne à la vérité les jours divers dont elle eft fufceptible.

Je voudrois que la difpute roulât fur des matiéres interreffantes. A force de difputer fur des bagatelles, on s'en fait une habitude. L'efprit s'évapore en des riens, & le temps eft précieux. Pour en prévenir la perte, je définirois & je ferois définir les termes, faute de quoi l'on difpute opiniâtrément lors même qu'on eft d'accord. Souvent la confufion vient des mots entendus différemment. Si l'on attachoit aux mots les mêmes idées, on porteroit les mêmes jugemens fur mille chofes conteftées.

ARISTE. Dans les conteftations, je n'aimerois pas les emportemens (1).

EUDOXE. Les emportemens ne prouvent rien, finon que l'on fe

---

(1) Cicéron veut qu'il n'entre dans la difpute ni opiniâtreté ni colére. *Nos & refellere fine pertinacia, & refelli fine iracundiâ paffumus.* Cic. Acad. q. l. 2.

défie de la bonté de fa caufe, &
que la paffion préfide où la raifon
feule devroit être écoutée.

ARISTE. Affez ordinairement,
on difpute, ce me femble, pour
parler, pour attirer fur foi les regards, pour fe donner en fpectacle, & pour acquérir la vaine
réputation d'efprit fubtil à force
d'obfcurcir la vérité.

EUDOXE. Auffi, rarement on
conçoit bien la penfée de fon ad-
verfaire. On ne veut la voir que
par fon foible, on lui prête, on
retranche. J'aurois l'équité d'en
faire fentir toute la force ; & je
me rendrois , mais je voudrois
que l'on s'en rendît de même, à
la vérité mife dans fon jour.

Je ne propoferois, & je fou-
haiterois qu'on ne me propofât
des difficultés que pour faire briller la vérité. J'écouterois volontiers. Je ferois bien aife qu'on m'é-
coûtât : mais loin d'ambitionner

les apparences d'un vain triomphe, j'essayerois de faire ensorte
qu'on eût le plaisir de trouver la
réponse dans son propre fonds.

Enfin, si je réfutois, ce ne seroit que dans la vûë de déba-
rasser la vérité des nuages de l'erreur & du mensonge. Et pour
convaincre un esprit opiniâtre,
j'emploierois d'abord les preuves les plus claires, & les plus
solides, qu'il me seroit possible ;
puis, je tâcherois de faire sentir
le ridicule de ses opinions, mais
sans insulte, sans raillerie. Les
termes offensants, les maniéres
brusques, les expressions chagri-
nes, les airs de hauteur ne font
qu'irriter ; & l'esprit irrité ferme
les yeux à la lumiére.

L'envie n'auroit pas plus de
part à ma réfutation que l'aigreur,

ARISTE. L'envie, ce semble,
aussi-bien que l'intérêt n'enfante
que trop souvent la critique.

EUDOXE. Auffi, trop fouvent on s'éforce témerairement de dégrader des ouvrages folides que l'on voudroit avoir faits. Et fous une fauffe couleur de zéle pour les Sciences, on ne fait que retarder par des conteftations affeétées le progrès des fciences mêmes. Le métier de réfuter & de critiquer eft délicat.

Si j'avois à perfuader des vérités contraires à la prévention, des vérités, par exemple, qui regardaffent la pratique de la vertu, j'étudierois le moment pour les prefenter. Je ne me hazarderois pas à les préfenter dans l'accès de la prévention. Ce feroit m'expofer à voir la prévention les rejetter avec dedain. Mais le vice le plus riant a fes amertumes, fes momens d'ennuis & de chagrins. Je faifirois ces triftes momens pour faire mieux fentir l'excellence & la fo-

lidité de la vertu par l'inconſtance
des fauſſes douceurs du vice.

ARISTE. Il faut bien de la
patience pour enſeigner !

EUDOXE. On n'eſt pas toû-
jours d'humeur à nous écouter.
Trop de vivacité , trop de feu
voulant faire éclore & goûter
les choſes à contre temps , ne
fait que les retarder , & qu'en
donner du dégoût. Et pour ſe
hâter trop d'éclairer , on n'éclaire nullement. Quelquefois le diſ-
ciple fait ſemblant de ſuivre le
maître qui va trop vîte , & il le
laiſſe aller ſeul. On gronde &
l'on eſt le coupable. Qui veut
être maître des autres , commence par prendre empire ſur
ſoi-même.

ARISTE. Il faut cependant
du feu pour ſoûtenir ou pour réveiller l'attention de ceux qui
nous écoutent.

EUDOXE. Oüi : mais il eſt à

propos que le feu foit modéré par l'amour du devoir & par la raifon qui tempére & affortit tout.

ARISTE. J'éprouve qu'on me rend attentif en mettant les chofes dans leur point de vûë, en les propofant fous différents jours (1) & d'un air animé, en évitant une pefanteur qui languit & endort, en variant le ton de la voix, en attachant des idées foibles à des expreffions vives, à des figures fenfibles (2), en égayant un

(1) Tandis qu'un objet frappe, & qu'on feroit fâché de le perdre de vûë, il eft bon de le montrer fous des traits divers. La varieté qui plait, foit dans ce que l'on dit, foit dans la maniére de le dire, tient en haleine ceux qui nous écoutent.

(2) Le ftile fimple n'exprime que la vérité toute nuë. Le ftile figuré exprime, outre la verité, le mouvement & la paffion de ceux qui parlent. Celui-là n'occupe que l'efprit, celui-ci occupe encore l'imagination par les Images qu'il lui préfente. Quand il ne s'agit que de faire comprendre une vérité, les expreffions figurées font inutiles : S'agit'il de toucher, d'appliquer ? elles font à leur place. Un Orateur qui s'écrie lorfqu'il faut

ſujet ſombre de lui-même. On conçoit, on goûte bien mieux la vérité, quand la lumiére & le plaiſir l'accompagnent, que lorſqu'elle s'offre ſous un air ſec & triſte.

Enfin, l'on ſoûtient mon attention en faiſant naître ſucceſſivement dans mon eſprit des idées toûjours nouvelles, & tellement arrangées qu'elles lui préſentent toûjours quelque choſe de plus frappant; par exemple, ſi l'on me dit en traçant le portrait de Céſar; c'étoit un Romain, un Guerrier, un grand Capitaine, le Vainqueur des Gaules, un Conquérant; on ſoutient mon attention en offrant à mon eſprit, & en lui faiſant eſpérer des idées ſucceſſives, toûjours nouvelles, & toûjours plus grandes, toûjours plus frappantes.

raiſonner, ou qu'il parle d'une maniére ſéche, lorſqu'il convient d'émouvoir, n'ajuſte pas ſon ſtile à la fin de ſon art.

Eudoxe. Je ne voudrois cependant pas du merveilleux partout. L'excès dans le merveilleux fait perdre le goût des vérités simples & naturelles. De-là les fables dont l'Histoire est remplie.

On m'instruit tantôt par paroles, tantôt par écrits ; & je lis volontiers les écrits, quand j'y trouve la méthode que nous avons tracée, c'est-à-dire, quand les choses connuës m'en découvrent de nouvelles, & que celles qui viennent s'offrir ont toûjours je ne sçai quoi de nouveau pour moi, quelque chose de picquant. Je suis bien aise de voir un enchaînement de connoissances qui naissent les unes des autres ; & le plaisir de connoître sans peine des choses qui encherissent les unes sur les autres, m'anime. L'esprit veut aller ainsi de lumiéres en lumiéres, toûjours intéreſſantes , toûjours nouvelles pour lui.

ARISTE. On me fait plaiſir ſur tout, lorſqu'on me met à portée de découvrir moi-même ce que l'on veut m'apprendre.

EUDOXE. C'eſt un grand art de faire penſer plus qu'on ne dit, & de faire trouver ce qu'on eſſaye d'enſeigner.

ARISTE. En effet , quand un livre me fait penſer plus qu'il ne dit , ou que j'y vois l'Auteur chercher une vérité , & qu'il me découvre les routes qu'il ſuit , & les meſures qu'il prend pour la découvrir, je m'imagine chercher & trouver ; & la vérité que je ſaiſis , produit dans mon ame un plaiſir ſecret que je ſens & que je n'exprime point.

EUDOXE. On eſt bien aiſe de pouvoir s'attribuer quelque part dans les choſes mêmes que l'on doit à des lumiéres étran-géres.

ARISTE. Oüi; j'aime qu'on m'inftruife, de maniére que je croie m'inftruire moi - même, qu'on m'apprenne à trouver ce qu'on veut m'enfeigner ; qu'on me place dans des points de vûë, d'où je puiffe découvrir moi-mê-me ce que l'on fouhaite que je voie ; qu'on me fourniffe des prin-cipes , d'où je tire les confé-quences. Alors, j'ai le plaifir fe-cret de pouvoir regarder comme mon bien ce que je dois dans le fond ; quoique je le doive , c'eft mon bien. L'on ne s'avife point de difputer à l'Abeille le miel qu'elle a formé des fucs recuëil-lis fur les fleurs.

EUDOXE. Je trouve de l'agré-ment, à lire lorfque avec un art femblable , ou à peu-près, la Logique m'apprend la maniére de penfer ; la Métaphyfique, la connoiffance de moi-même & de Dieu ; la Morale, la loi na-

turelle, les devoirs de l'homme,
l'horreur du vice, & la beauté
de la vertu ; la Phyſique, les
principes, la nature & les proprietés des corps, leurs rapports,
leur arrangement, d'où réſulte
l'harmonie de l'Univers ſenſible ;
la Médecine, le corps humain,
ſa ſtructure, ſes maladies, leurs
remedes ; la Juriſprudence, les
Loix humaines & les coûtumes; la
Théologie, l'éxiſtence de Dieu,
les attributs divins ; la néceſſité
d'une Religion, la Religion vé-
ritable, ſes caractéres, &c ;
l'Hiſtoire, les faits mémorables,
& les cauſes des faits, ſur les
meilleurs mémoires, ſur les mémoires des Auteurs contemporains, s'il ſe peut, les moins paſ-
ſionnés, les moins prevenus, les
plus judicieux.

Si pour développer avec ordre quelque vérité dans quelque
matiére que ce fût, j'avois à

compofer, je voudrois confulter mes forces d'abord, n'entreprendre qu'un fujet à la fois, me le rendre familier, former un plan, me remplir de tout ce qui pourroit fervir à l'exécuter, puis, le travailler de fuite. Mais l'attention fe relâche par la peine du travail, par le dégoût de la continuité, par une envie fecrete de varier fes plaifirs. Et ce que l'on fait fans goût, dans l'épuifement ou dans la langueur, eft l'anguiffant & fombre. Une lecture amufante & légére, faite fans effort, ou la promenade, plaît, délaffe, ranime l'attention, & réveille le goût. J'interromperois donc le travail, quand je me fentirois épuifé, fatigué, dégoûté. Après le délaffement & le repos, je reprendrois l'ouvrage interrompu. La vérité mérite de la conftance. Je ne pafferois pas d'une chofe à une autre, que la précedente ne

fût

fût achevée selon ma portée.
Quand on a l'esprit plein d'un sujet, il en coûte moins, pour lui
donner un certain degré de perfection. Faut-il revenir sur ses
pas ? La multitude des idées diverses embarrasse ; en beaucoup
de temps on avance peu. On a
peine à faire quadrer ce que l'on
ajoûte avec ce que l'on a fait.
L'ouvrage en est moins suivi,
moins net, moins propre à soûtenir l'attention de l'esprit qui
veut aller sans obstacles de vérités en vérités.

Quand on nous a débité un
grand nombre de vérités de suite, assez ordinairement une ré-
capitulation bien faite nous plaît.

ARISTE. On aime à revoir
d'un coup d'œil ce qu'on a vû
dans un long détail.

EUDOXE. Mais il n'est point
aisé de redire les mêmes choses
& de plaire. En ajoûter de nou-

E e

velles , c'eſt un nouvel embarras pour l'eſprit ; il faut ſe bor-
ner à redire les mêmes, quant à
la ſubſtance , mais en termes précis.

Hé, à quoi bon tant de précautions pour inſtruire, ſi l'on
n'engage ceux qu'on inſtruit à retenir ce qu'on leur apprend! Il
faut donc eſſayer de leur apprendre à la fois des choſes claires,
qu'ils concoivent ; des choſes
diſtinctes , qu'ils comprennent
ſans embarras ; des choſes intéreſſantes qui ſoûtiennent l'attention ; des choſes rangées dont
les unes ſervent à rappeller les
autres. Ainſi , l'Orateur qui dit
des choſes nouvelles, des choſes qui regardent l'Etat , ou nôtre
ſalut, qui réduit ſon diſcours à
peu de points principaux, chaque point a peu de preuves générales , qui ne fait que développer les unes après les au-

tres, dit des chofes que l'on retient (1).

Enfin, foit qu'on inftruife les
autres ; ou qu'on s'inftruife, il
eft bon d'aller du premier genre
aux genres & aux efpéces fubalternes, de paffer pied à pied
par la divifion à des fubdivifions
plus déterminées ou plus compofées. S'agit-il par exemple, de

(1) Un Homme qui ne laiffe aucun mot
équivoque fans le définir, & n'employe dans
la définition que des termes connus ; qui
commence par établir des principes évidents ;
qui prouve toutes les propofitions un peu
obfcures, ou par les définitions qui ont pré-
cedé, ou par les principes accordés, ou
par des propofitions déja démontrées ; qui
traite les chofes dans leur ordre naturel, allant des générales & des plus fimples, aux
plus compofées des genres aux efpéces particulieres, ou des chofes qui font connues à
celles qui ne le font pas, fçachant animer,
foûtenir, réveiller l'attention, reduire en
peu de mots ce qu'il a développé dans une
jufte étendue, & graver dans l'efprit ce qui
lui prefcrit ; un Homme, dis-je, de ce caractere, répand du jour dans ce qu'il dit,
dans ce qu'il écrit, dans ce qu'il enfeigne ;
& fçait l'art d'enfeigner.

développer la penſée par où nous connoiſſons , par où nous dé-couvrons le vrai? j'examine , & je dis : la penſée eſt un exercice de l'eſprit. L'exercice de l'eſprit eſt perception , jugement , ou raiſonnement. La perception eſt ſenſation , ſentiment , imagina-tion ou idée. L'idée eſt géné-rale , ou particuliére , obſcure ou claire , vive ou foible , con-fuſe ou diſtincte.

Les idées diverſes ont divers rapports , des rapports de diffé-rence ou de convenance. Si je prononce ſur ces rapports , c'eſt jugement. Le jugement eſt af-firmatif ou négatif , & l'un & l'autre eſt vrai ou faux. Si d'un jugement j'en tire un autre , c'eſt raiſonnement. Diverſes eſpéces de raiſonnemens , induction , Syllogiſme , &c. Le ſecret d'ar-ranger une ſuite d'idées , de ju-gemens , & de raiſonnemens ,

ou de penſées , c'eſt la Méthode. La méthode va du ſimple
au compoſé , ou du compoſé au
ſimple. De-là, deux méthodes,
l'une Synthétique , l'autre Ana-
lytique.

En allant ainſi par degrés on
atteint à la plenitude du vrai. Et
voilà mon idée ſur la méthode:
Me ſuis-je fait entendre , Ariſte ?

ARISTE. La méthode eſt
un aſſortiment de maximes &
de penſées diverſes propre pour
découvrir le vrai.

Deux ſortes de méthodes, la
Synthéſe & l'Analyſe.

La Synthéſe va du plus ſimple au plus compoſé ; l'Analyſe , du plus compoſé au plus
ſimple. L'Analyſe & la Synthéſe
vont par degrés des choſes qui
ſont plus connuës à celles qui le
ſont moins. Et l'une & l'autre
ſert à s'inſtruire & à inſtruire.

S'agit-il de s'inſtruire ? Il eſt

bon d'avoir pour maximes 1. De ne fe livrer pas trop à la recherche des vérités qui ont peu de proportion avec l'intelligence d'un efprit borné. 2. Parmi les vérités qui font à notre portée, d'afpirer, fur-tout, à celles qui renferment la connoiffance de foi-même, de notre origine, de notre fin, des moyens d'y atteindre. 3. De chercher la vérité avec la feule paffion de la trouver. 4. De fe rendre à la vérité reconnuë, de quelque part qu'elle puiffe venir.

La vérité vient par différentes voies, par l'évidence, qui nous apprend la nature & les proprietés des chofes : par la confcience ou par le fentiment intérieur qui nous apprend l'éxiftence des modes de notre ame, fans nous en apprendre la nature : par le rapport des Sens, qui nous apprend l'exiftence des corps divers, en nous découvrant leurs qualités sensibles : par le témoignage des Hommes, qui nous apprend des faits passés ou éloignés : par la voix de Dieu même, qui nous apprend ce qui regarde la Religion.

L'évidence a trois caractéres, vûë immédiate du rapport reciproque des idées dans les idées mêmes ; nécessité de juger ; sécurité parfaite.

Le témoignage des Sens demande le suffrage de la raison, le rapport de plusieurs Sens, s'il se peut, & de la constance pour attester l'existence des corps, plûtôt que leurs qualités accidentelles.

Le témoignage des Hommes, veut des hommes sages, instruits, desintéressés, sans passion, & constants à dire la même chose.

Pour n'être pas trompé par les expressions ambiguës, il est à propos d'examiner qui parle, à qui

l'on parle, comment on parle ;
de quel air. Eft-ce la fincerité, la
raillerie, la politeffe, l'amitié, la
flaterie, la paffion qui s'explique ?

On peut faire ufage de ces régles dans la lecture. La lecture
veut du choix & de l'attention ;
du choix pour ne changer point
la mémoire des chofes inutiles ;
de l'attention pour retenir ce qui
mérite d'être fçû. Des abregés
exacts fixent le fouvenir des chofes.

S'agit il d'inftruire ? Il faut pofer des principes clairs, dont la
lumiére puiffe porter le jour par
tout ;

Etablir nettement l'état de la
queftion ;

Divifer ce qui eft équivoque ;

Définir chaque partie de la divifion, fixant le fens des mots ;

Appliquer à chaque partie ce
qui lui convient ;

Appuyer,

Appuyer de preuves ce que l'on dit ;

Uſer, pour prouver, de raiſonnemens dont les prémiſſes accompagnées de preuves courtes, ne laiſſent nulle inquiétude dans l'eſprit ;

Diſputer, réfuter, s'il le faut ; mais ſans paſſion, ſans aigreur, dans la vûë ſeule de découvrir la vérité ;

Etudier le moment pour la faire goûter ;

Soûtenir ou réveiller l'attention de ceux qui nous écoutent, par des choſes intéreſſantes, claires, exprimées vivement, animées, rangées, naiſſantes les unes des autres, toûjours nouvelles, toûjours plus piquantes, ou plus frappantes ;

Faire des écrits où tout cela s'obſerve ; des écrits qui nous faſſent penſer plus qu'ils ne diſent ; des écrits où marchant en quelque forte fur les pas des Auteurs, nous femblions découvrir nous mêmes ce qu'ils nous decou-vrent.

N'eft-ce pas là vôtre idée fur la Méthode?

E U D O X E. Vous fçavez la Logique, Arifte, vous fçavez l'Art de découvrir le vrai. Songez feulement déformais que la Théorie, la fpéculation ou la connoiffance d'un Art n'acquiert fa perfection que par l'habitude de l'ufage, qui nous en grave les preceptes dans l'efprit, tandis qu'il nous donne de la facilité pour les manier avec dexterité dans toutes les occafions. Il s'a-git donc d'appliquer les régles de notre Logique, ou d'examiner fur elles, dans la fuite, ce que vous entendrez, ce que vous li-rez, ce que vous direz, ce que vous écrirez.

A R I S T E. Si je le fçai, cet

Art utile ; je vous en suis d'autant plus redevable, Eudoxe, qu'en l'apprenant de vous, j'ai crû, je ne sçai comment, le trouver moi-même.

F I N.

ERRATA.

PAge 26. *ligne* 24. une, *ajoûtez* idé
P, 36. *l.* 6. par, *lisez* pour.
P. 74. *l.* 19. ont, *lisez* ou.
P. 76. *l.* 5. de, *ajoûtez* ce.
P. 96. *l.* 10. il, *lisez* je.
P. 177. *l.* 5. papilionner, *lisez* papillonner.
P. 187. *l.* 13. l'est de même, *lisez* est affir-
matif ou négatif.
P. 199. *l,* 8. supposée, *lisez* supposé.

TABLE

DES MATIERES.

A

Abstractions. pag. 80
Accident. 35
Ambiguité. D'où vient l'Ambiguité des expressions. 81. 82
Ame. Comment on la connoît. 8
Amour. Source d'erreurs ; comment. 172
Analyse. Ce que c'est. 256
Comment l'esprit procéde par la Méthode qu'on appelle Analyse. 256. 257. 258. & suiv.
Antiquité. Raison d'être en garde contre un goût excessif, soit pour l'Antiquité, soit pour la Nouveauté. 178
Apparences extérieures. Source d'erreurs ; comment. 175. 242
Ardeur. Comment l'ardeur de sçavoir empêche quelquefois d'apprendre beaucoup. 264

B

Bonheur. Deux fortes de bonheur ; bonheur parfait, bonheur imparfait, &c. 307

C

Caufe. Les différentes efpéces de Caufes. Caufe materielle. 153. Caufe formelle, occafionnelle, exemplaire, morale, phyfique, efficiente, 154. Premiere, feconde, générale, particuliere, immediate ou prochaine, 155. Mediate ou éloignée, principale, inftrumentale, 156. Subordonnée, totale, partiale, finale. 157

Certitude. Ce que c'eft. 269

Chemin. Rien n'abrége plus le Chemin qui mene à la vérité, que l'eftime qu'on en fait. 304

Cœur. Difpofitions de l'efprit & du cœur pour s'inftruire. 268

Conclufion. 187

Connoiffances. Comment les connoiffances les plus compliquées peuvent devenir auffi faciles que les plus fimples. 266

F f iiij

E

F

G

H

I

Gg

O

P

Q

R

Témoignage

Hh

Fin de la Table des Matieres.

reçu de notre Révérend Pere Général, permets au Pere Noël Regnault,
de la même Compagnie, de faire imprimer un Livre qu'il a composé, &
qui a pour titre : *Logique en forme d'Entrétiens, ou l'Art de trouver la Vérité*,
lequel Livre a été lû & approuvé par
trois Théologiens de notre Comagnie. En foi dequoi j'ai figné la préfente. A Paris, le 28. Avril 1740.

JEAN LAVAUD.

PRIVILEGE DU ROY.

LOUIS par la grace de Dieu, Roi de
France & de Navarre : A nos Amez
& feaux Confeillers, les Gens tenans nos
Cours de Parlement, Maîtres des Requêtes
ordinaires de nôtre Hôtel, Grand Confeil,
Prevôt de Paris, Baillifs, Senechaux, leurs
Lieutenans Civils & autres nos Jufticiers,
qu'il appartiendra, SALUT : Notre bien Amé
le Sieur DURAND, Nous ayant fait remontrer qu'il fouhaiteroit faire imprimer &
donner au Public, un Manufcrit qui a pour
titre : *Logique en forme d'Entrétiens, ou l'Art
de trouver la Vérité*, par le Pere REGNAULT,
Jéfuite. S'il nous plaifoit lui accorder
nos Lettres de Privilege fur ce neceffaires, offrant pour cet effet de le faire imprimer en bon papier & beaux caracteres, fui

vant la feuille imprimée & attachée pour modele fous le contrefcel des Prefentes : A ces Caufes voulant traiter favorablement ledit Sieur Expofant; Nous lui avons permis & permettons par ces Prefentes, de faire imprimer ledit Ouvrage cy-deffus fpecifié en un ou plufieurs Volumes, conjointement ou féparément, & autant de fois que bon lui femblera, & de les faire vendre & debiter par tout notre Royaume pendant le tems de neuf années confécutives, à compter du jour de la date defdites Prefentes; faifons deffenfes à toutes fortes de perfonnes de quelque qualité & condition quelles foient, d'en introduire d'impreffion étrangere dans aucun lieu de notre obéiffance ; comme auffi à tous Libraire & Imprimeurs & autres; d'imprimer, faire imprimer, vendre, faire vendre, débiter ni contrefaire ledit Ouvrage ci-deffus expofé en tout ni en partie, ni d'en faire aucuns extraits fous quelque prétexte que ce foit d'augmentation, correction, ou changemens de titre, même de traduction étrangere en langue Latine, ou autrement, fans la permiffion expreffe & par écrit dudit Sieur Expofant, ou de ceux qui auront droit de lui, à peine de confifcation des Exemplaires contrefaits, de quinze cent livres d'amende contre chacun des contrevenans, dont un tiers à Nous, un tiers à l'Hôtel-Dieu de Paris l'autre tiers audit Sieur Expofant, & de tous dépens, dommages & interêts : A la Charge que ces Prefentes feront enregiftrées tout au long fur le Regiftre de la Communauté des Libraires & Imprimeurs de Paris, dans trois mois de la datte d'icelles : Que

l'impreſſion de cet Ouvrage ſera faite dans notre Royaume & non ailleurs ; & que l'Impe-
trant ſe conformera en tout aux Reglemens de
la Librairie,& notamment à celui du dixiéme
Avril mil ſept cens vingt-cinq ; & qu'avant
que de l'expoſer en vente, le Manuſcrit ou
imprimé qui aura ſervi de copie à l'impreſſion
dudit Ouvrage ſera remis dans le même état
où l'Approbation y aura été donnée , ès
mains de notre très-cher & féal Chevalier
le ſieur Dagueſſeau Chancelier de France &
Commandeur de nos Ordres; & qu'il en ſera
enſuite remis deux exemplaires dans notre
Bibliothéque publique, un dans celle de notre Château du Louvre, & un dans celle de
notre très-cher & féal Chevalier le ſieur Dagueſſeau Chancelier de France, Commandeur
de nos Ordres; le tout à peine de nullité des
Preſentes: Du contenu deſquelles vous Man
dons & Enjoignons de faire joüir ledit Sieur
Expoſant ou ſes ayans cauſe pleinement & pai-
ſiblement , ſans ſouffrir qu'il leur ſoit fait
aucun trouble ou empêchement ; Voulons
que la copie deſdites Préſentes , qui ſera imprimée tout au long au commencement ou à
la fin dudit Ouvrage , ſoit tenuë pour duë-
ment ſignifiée, & qu'aux Copies collationnées
par l'un de nos amez & feaux Conſeillers, &
Secretaires, foi ſoit ajoûtée comme à l'original. Commandons au premier notre Huiſſier
ou Sergent de faire pour l'éxécution d'icelles
tous actes requis & néceſſaires, ſans demander
autre permiſſion , & nonobſtant clameur de
Haro , Chartre Normande & Lettres à ce
contraires : car tel eſt notre plaiſir. DONNE'

à Paris le vingt-uniéme jour d'Août, l'an
de grace mil sept cens quarante-un, & de
notre Regne le vingt-sixiéme : Par le Roi en
son Conseil.

SAINSON.

Regiſtré ſur Regiſtre X. de la Chambre Roya-
le des Libraires & Imprimeurs de Paris, N°.
553. Fol. 545. conformément aux anciens Re-
glemens confirmés par celui du 28. Février 1723.
A Paris, le 16 Octobre 1741.

SAUGRAIN, Syndic.

De l'Imprimerie de JACQUES CHARDON.